I0406283

El Genio Director de Proyectos

Como los Genios pueden saber lo que los otros no pueden.

Jorge Escotto Rodríguez
José Santiago Pedrosa

El Genio Director de Proyectos
The Genius Project Manager

Traducción al español.

Copyright © 2017 Jorge Escotto Rodríguez y José Santiago Pedrosa.

All Rights Reserved. Printed by Createspace.
No part of this book may be used or reproduced in any manner whatsoever without written permission except in the case of brief quotations embedded in critical articles and reviews. For information address Createspace.com.

Cover illustration design by Ignacio Huizar
Art director Guillermo Rodríguez
Edited & reviewed by Juan Carlos Chávez Vergara

ISBN: 978-1543007862

Copyrighted Material.

Dedicación

A Frederick H. Munnell
Que salvo mi vida

• • •

A mi amada esposa Diana e hijas Sofía y Matilda, siempre están cerca de mí y en mi corazón.
A mis padres Rubén y Josefina, mis hermanos Rubén y Karla, mis tíos Guillermo y Dina por su amor y apoyo incondicional.

Nota del traductor

Este libro, "**El genio director de proyectos**," es una traducción al español del inglés original, "**The Genius Proyect Manager**."

Para los dos autores, el idioma materno es el español. El reto principal está en traducir palabras del inglés original que radican en una terminología del mundo comercial norteamericano—*the business world*. Esa terminología implica, con cada palabra o frase, connotaciones y asociaciones culturales e idiomáticas difíciles de traducir completa y perfectamente.

La frase más importante para la cual no pudimos encontrar una palabra en español lo suficientemente exacta, pero importantísima para nuestros propósitos, fue la expresión *hard work*. Por eso preferimos, en la mayoría de los casos, usar esa misma frase en inglés. Tiene connotaciones de dificultad, de peso y de complejidad que van directamente contrarias a lo que es el genio. La frase *trabajo duro* o *trabajo pesado* realmente no llega a eso.

Hard work es culturalmente parte de la idea del llamado **Protestant Ethic**, es decir, la teología y la ética creadas por la idea de que el ser humano tiene serios defectos que no le permiten ser merecedor y que para superarlos tiene que dedicar su vida a llevar a cabo distintas formas de *hard work*, que implican el sacrificio y el sufrimiento. Por consecuencia, éstos se consideran virtudes. Vale la pena entender bien el *contrario* de un concepto, para poder entender sus significados enteramente. Para entender lo que es el genio, es útil entender *hard work*.

Hard work se consagró en la teología y en la ética del protestantismo, como hizo constar el sociólogo y economista alemán Max Weber en su libro, "*Die protestantische Ethik und der Geist des Kapitalismus*," de 1904 y 1905, traducido luego al inglés en 1930 como "**The Protestant Ethic and the Spirit of Capitalism,**" ("**La ética protestante y el espíritu del capitalismo.**") Se considera uno de los más importantes libros del siglo veinte.

Los términos biológicos y psicológicos fueron, por lo general, los más fáciles para traducir. Hemos usado, por ejemplo, la *mente consciente* como la principal traducción para *waking consciousness y la mente no-consciente* para *non-consciousness*. Por lo demás, en ocasiones hemos incluido el inglés original. Las citas de otros libros son también traducciones nuestras.

Finalmente, al contrario de la formalidad de muchos libros de investigación escritos en español, hemos decidido dirigirnos al lector tuteándolo, en lugar de usar la formalidad del pronombre *tú*. Esperamos que el lector entenderá que preferimos un acercamiento menos formal, con menos distancia emocional.

Tabla de contenido

1

¿Qué es el Genio Director de Proyectos? 1

¿Qué es un Genio?..2

Dos mentes que se comunican en dos idiomas...........23

¿En qué consiste, exactamente, la linealidad? 33

¡Tú conciencia no hace lo que tú crees! 44

Un poco de historia del pensamiento lineal y cómo surgió 52

Cómo la Inquisición Católica (sin saberlo) apoyó la creación del pensamiento lineal 55

2

La no-linealidad, el idioma del Genio....................59

Las palabras te pueden dar información, pero solo el sentir te puede dar conocimientos 60

Aclara bien el papel que vas a llevar a cabo 66

El vocabulario para un idioma sin palabras 77

El estado primario del sentir 80

¿Que causa que los Genios se sientan bien?.................84

Todo el mundo se cree que ponerse a pensar es perder el tiempo y antes que nada, hay que ¡actuar! ¡actuar! ¡actuar!...89

La conversación con uno mismo: porque a los directores de Proyecto genios les encanta hablar consigo mismos..95

Solo la imaginación se monta a horcajadas entre la mente consciente y la mente no consiente 100

3

¿Cómo administran los proyectos los Genios? 109

Un observador pensará que la práctica de los Genios está llena de paradojas. Por ejemplo…... 110

Como llegar a la certeza 111

Una breve mención del tema cambio 120

La visión de éxito del proyecto y el sentir....................122

Cómo ejercitar la intuición, para poder detectar lo que está sucediendo 123

La innovación es el corazón de la dirección de proyectos dirigido por Genios 126

¿En qué consiste la ejecución superior en la administración de proyectos?...133

Tú mercantilización...137

¿Que hace que el Genio sea posible en el universo?..144

La visión del éxito infinito...145

La intuición..147

Los Genios, el juego finito y el juego infinito 151

Bibliografía **154**
Acerca de los Autores **157**

Breve reseña de la investigación
Estos aparecen intercalados en todo el texto.

1. Damasio, Antonio: "Descartes' **Error, Emotion, Reason and the Human Brain.**"
2. Schwartz, J. M. & Begley, Sharon, "**The Mind and the Brain, Neuroplasticity and the Power of Mental Force.**"
3. Nørretranders, Tor: "**The User Illusion, Cutting Consciousness Down to Size.**"
4. Lewis, Marc: "**The Biology of Desire, Why Addiction is Not a Disease.**"
5. Boyatzis, Richard: "**The Competent Manager, A Model for Effective Performance**," and "**Primal Leadership**" (with D. Goleman & A. McKee)
6. Kuhn, Thomas S.: "**The Structure of Scientific Revolutions.**"
7. Greenspan & Shanker: "The **First Idea, How Symbols, Language, and Intelligence Evolved from our Primate Ancestors to Modern Humans**"
8. Sheldrake, Rupert: "A **New Science of Life**" and "**The Science Delusion**"

1

¿Qué es un Genio Director de Proyectos?

El genio director de proyectos

¿Qué es un genio?

Un genio es alguien que sabe lograr acceso a ideas, a información y a conocimientos obtenidos de su propio interior y que los demás no obtienen. Esto hace que sean posibles cosas que de otra manera, *no* serían posibles. Los genios son únicos porque consistentemente producen resultados excepcionales. Pueden ver y saber cosas que los demás no pueden ver y que no pueden saber.

Los genios hablan un idioma interior que los demás no hablan. Un genio entiende cómo funciona la realidad y lo entiende con más profundidad y con más capacidad que los demás. Usan esta comprensión para su beneficio propio, para el beneficio de sus nuevas ideas y en última instancia para el bienestar de todos.

La genialidad es producto directo de la interacción deliberada y consciente entre la mente consciente y la mente no-consciente.

Los genios generan nuevas ideas y soluciones inesperadas rápida y regularmente. Este libro describe cómo lo hacen. Los resultados que producen en su área de especialidad, sobrepasan por mucho los de los demás. Al hacer esto, los genios se divierten. No tienen ninguna fe en trabajar "duro," en el sacrificio o en el martirio. La vida, para los genios, consiste en disfrutar y crear apasionadamente lo que aman. Las ideas les sirven como pilar porque las ideas de los genios no son inmóviles, son dinámicas, tienen movimiento y cobran vida.

Ser genio no es un estado fijo. No se recibe un "certificado" de genio, para luego dejar de ejercer la genialidad y olvidarse del asunto. Los genios toman la decisión de continuamente hacerse más grandes que lo que antes eran, basados en sus propias normas. Y luego, se hacen todavía más grandes.

Para los genios directores de proyecto, los proyectos se sostienen por la pasión y el placer que les ofrecen. Los genios directores de proyecto saben cosas sobre sus proyectos y sobre su gente que los demás no saben. Los genios directores de proyecto entienden el uso de la energía y la relación que tiene con el pensar y el sentir. Los genios directores de proyecto *resuelven problemas fácilmente* y generan nuevas ideas.

Si no crees que esto sea posible, entonces puede que pienses que el genio es sólo cuestión de la música, como en el caso de Mozart, o de las artes, como Picasso, o que es para inventores como Henry Ford o cuestión de científicos como Einstein, es decir, individuos que nacieron con el propósito de lograr lo que lograron. No se puede conocer a toda la genialidad que hay en el mundo, pero sí puedes reconocerla por lo que produce. La genialidad es posible en *cualquier* campo de la vida y está disponible para *cualquiera*.

Ninguna de las ideas convencionales sobre la genialidad es verídica. Frecuentemente, los genios son personas cuyo deseo para lograr fue despertado por repetidos fracasos y por menosprecios que sufrieron temprano en la vida. Hay algo que despertó en ellos un enorme deseo.

Algunos Genios parecen ser verdaderos "idiotas" por la manera en que actúan con los demás, incluyendo a sus propios empleados, con un trato brusco, dictatorial o indiferente. ¿Por qué? Es porque aunque han aprendido con la experiencia a producir soluciones e innovaciones, **en**

realidad no saben cómo lo hicieron y se enfurecen cuando descubren que no siempre pueden hacerlo. Ni siquiera los más grandes genios siempre saben cómo entender la genialidad.

Ser genio no es una "mercancía;" cada genio es único. Cada uno es su propio universo, como lo es también todo ser humano sobre el planeta. No es sólo el universo que se expande; la diversidad del universo se expande más allá de lo que podamos conocer. Los genios se las arreglan para ser quienes son, el individuo único que es en realidad, en lugar de ser la persona que sus maestros, padres, amigos o religiosos les decían que deberían ser y saben sobre todo ser fieles a sí mismos.

La mayoría de la gente no aspira a ser genio porque no creen que sea posible hacerse genio en algún campo. Esto tampoco es cierto. Un genio es un creador, pero uno muy enfocado y apasionado. Todos creamos muchas cosas, pero los genios saben enfocarse en sus propias creaciones y en sus deseos. No hay otros que sean exactamente iguales a ellos; esa diversidad es lo que hace posible ser genio.

La mayoría de la gente supone que tienen más capacidad que lo que usan en sus vidas y especialmente más *capacidad cerebral*. La gente cree que "si yo tan sólo supiera *cómo*, ¡yo podría lograr mucho más en la vida!" Sólo que no saben cómo y no saben con seguridad si es posible.

Las estructuras mentales que te permiten ser genio con lo que haces ya existen. Es patrimonio tuyo. No serías un ser humano capaz si no fuera así. Tienes definitivamente el deseo. Lo que te hace falta es una perspectiva diferente y un acercamiento distinto hacia ti mismo y hacia tus circunstancias.

Con el tiempo, si tienes la determinación, en este acercamiento distinto puede que se produzcan cambios físicos al cerebro, un proceso que se llama la *plasticidad*; seguramente has escuchado esa palabra en estos días. Una vez entiendas cómo piensan los genios y sobre todo, cuando entiendas el idioma que ellos usan, no se te olvidará esta perspectiva nueva. Ser genio sólo exige un poco de práctica. Lo más probable es que muchos resultados se te producirán inmediatamente, porque hay muchos conocimientos sobre tus proyectos que se pondrán rápidamente en evidencia. Las habilidades que desarrollan los genios no son nunca estáticas; se expanden y se mudan en formas maravillosas. Como sucede con cualquier experiencia que se practica mucho, también cambian el cerebro mismo del genio (la llamada *plasticidad*).

Este material que te presentamos no lo vas a encontrar en ninguna otra parte; es así de innovador. Todo el material existente sobre la dirección de proyectos está repleto de lo que llamamos *pensamiento lineal*. Con este material llegarás a entender el pensamiento *no lineal*, el idioma único que usan los genios, pero primero tenemos que asegurarnos que entiendas su contrario. Luego tendrás que experimentar, porque el idioma tuyo, como genio, es único.

Toda terminología o idioma depende de que se entiendan las ideas contrarias, para entender cualquier idea. Si no entiendes lo que es *la oscuridad*, no entiendes lo que es *la luz*. Si no entiendes lo que es la mediocridad, tampoco puedes entender lo que es la genialidad.

El pensamiento lineal se usa para adiestrar a la gente que dirige proyectos, porque los proyectos, claro está, se consideran procesos *lineales*. No existe ninguna representación gráfica de un proyecto que no se explique con líneas. Eso es bueno y absolutamente necesario hasta cierto punto. Todo el mundo tiene que entender lo que es una línea recta y bien, ¿quién no lo entiende? Sin embargo, el camino para llegar a producir resultados sobresalientes *no* es cuestión de entender mejor las líneas rectas.

En el mundo de trabajo del director de proyectos, **todas las formas de pensar lineales son lo que llama la psicología de la motivación social, "*destrezas de entrada*" (*threshold skills*).** Las destrezas de entrada se *definen*, se *requieren* y son hasta *esenciales* para tener éxito en el puesto, pero ellas por sí mismas, no pueden generar ni el éxito ni una ejecución superior a la de los demás. Se les llama *destrezas de entrada* porque sirven para que puedas entrar por la puerta que te permite ocupar el puesto. Si no las tienes, no obtendrás el puesto de trabajo.

Una vez que se entra al puesto, sin embargo, el juego cambia. La linealidad te puede ayudar a obtener el puesto pero de por sí, no hará que el proyecto sea exitoso, por ejemplo, no puedes ser director de proyectos si no entiendes las gráficas que señalan qué tiempo duran las etapas del proyecto, si te vuelves experto sobre las etapas del proyecto, eso no quiere decir que el proyecto sea exitoso.

La ejecución extraordinaria por parte del director de proyectos requiere diferentes formas de pensar y de actuar. ¿Pensabas que el éxito significaba que hay que trabajar más duro, durante más horas? Eso es una idea común pero equivocada que se basa en valores que la gente no cuestiona, hasta que se encuentran produciendo mediocridades y preguntándose, "yo soy una persona inteligente; ¿por qué me está pasando esto?" Este libro trata el apasionamiento, ¡no el trabajo penoso!

Todas las formas de la educación, de entrenamiento y de la certificación en la dirección de proyectos siguen la misma ruta lineal. Sin embargo, producir *más* de las actividades, de los comportamientos, de las destrezas o de los "conocimientos" particulares que te recomiendan, no pueden jamás garantizar una ejecución sobresaliente. La enseñanza que recibas sólo te permitirá entrar por la puerta y que te ofrezcan el puesto, pero nada más. Por eso es que...

- Ser excepcional como director de presupuestos financieros, *no* te hará mejor director de proyectos ni asegura que cumplas con lo financiero que exija el puesto.

- El uso de la creación de planes para proyectos, o el uso del *software* para dirigir proyectos, *no* te garantizará completar los proyectos puntualmente.

- Ser un experto en el contenido técnico del proyecto *no* te ayudará a cumplir con los requisitos del proyecto.

- Ser un experto de la codificación del *software*, o ser un escritor magnífico, o ser una mente privilegiada en la arquitectura del *software*— no mejorará tu ejecución como director de proyectos. Sólo te pueden ayudar para conseguir el puesto. No mejoran el proyecto.

- Tener muchos certificados y diplomas con resultados excelentes en las pruebas no garantizan el éxito de los proyectos.

Entonces, ¿qué *sí* te garantiza el éxito? ¿Qué, entonces, te permitirá ir más allá de la mediocridad? Primero, hay dos obstáculos principales que debes entender antes de que continuemos.

Este libro se ha diseñado para permitirte entender lo que necesitas para tratarlos fácilmente.

El obstáculo número uno es no saber *cómo pensar*, que depende principalmente de entender y apreciar la diferencia entre el pensamiento lineal y el pensamiento *no*-lineal.

Ya sabías que un libro que trata cómo ser Genio, va a tratar el cómo pensar—algo que nunca se nos enseña en la escuela ni en ninguna otra parte. Lo llamamos pensar como un genio sólo porque la mayoría de la gente no lo intenta; nadie se los ha explicado. Es algo que sí se puede aprender.

Parecerá contrario a lo intuitivo, pero pensar como un genio es realmente fácil. Los genios verdaderos son consistentes en esto y recuerdan sus logros en el campo del pensamiento, porque estos recuerdos les permiten lograr todavía más. Les *gusta* pensar por lo mucho que puede producir. Estarás de acuerdo, una vez lo entiendas y experimentes los conocimientos que te otorgan.

Hay una gran diferencia entre la mente consciente, que es la habilidad mental que tú estás usando principalmente en este momento y la mente *no*-consciente. Vamos a ir explicando esto más y más a medida que progresemos, porque esa distinción es el grano más importante en la forma en que operan los genios.

Los resultados geniales son siempre resultado de la deliberada y sabia interacción entre la mente consciente y la mente no-consciente.

Los genios piensan con el *sentir*. Ese es el idioma único que ellos ejercen. Ellos entienden que el sentir es el idioma de sus mentes no-conscientes sin límite, mientras que los demás idiomas son lineales y forman parte de su mente consciente, que nos sorprende por lo poco que produce.

Los genios saben cómo usar consistente y deliberadamente la imaginación, la intuición, la visión interna y la introspección. Estos le permiten al genio tener verdadero *conocimiento*. Todo lo demás es meramente *información*, no importa cuánto la gente pretenda que las informaciones en sus computadoras son "conocimientos" [*knowledge*] cuando no lo son. Lo único que es verdadero conocimiento es lo que se encuentra empotrado dentro de un ser humano.

Los conocimientos los guarda *activamente* el *conocedor*; no se encuentran descansando pasivamente en una base de datos. La *información* es siempre *pasiva*. Los conocimientos son siempre *activos*. Esa es su naturaleza. La información, de por sí, no tiene energía. La gente la "enfatiza," y forzadamente la vocalizan y evangelizan, pero eso requiere esfuerzo, no es placentero y acaba reseco. La energía acertada, sin embargo, está llena de más energía; se regenera a solas. Es como la diferencia entre los números y la pasión, o entre el polvo y el universo.

Considera lo siguiente: asististe a la escuela y aprendiste a leer. Aprendiste matemáticas. Aprendiste muchas más materias y posiblemente asististe luego a alguna escuela, universidad u otra institución, así que tienes diplomas. Es posible que hayas estudiado para tú jefe, u otros que te lo pedían. Aprendiste mucho contenido, pero hoy día, la mayor parte del aprendizaje es "vocacional"—es decir, la gente quiere saber qué vas a hacer con lo que aprendiste y pronto. ¿Para qué te estás preparando?" Hoy día, hasta a los niños escolares les preguntamos, "¿qué quieres hacer cuando crezcas?" Las contestaciones aceptables son las vocacionales. ("Quiero ser abogado, doctor, carnicero, banquero, pintor, etc.")

La instrucción y la educación vocacionales tiene realmente poco que ver con quién tú eres o con la persona que aspiras ser. Ofrecen categorías *ya definidas* sobre actividades por las que tú esperas que algún jefe te pagará por llevarlo a cabo, es decir, un puesto de trabajo. La enseñanza para ese puesto está repleta de jerarquías de información. Cuando termines la enseñanza 101, pasarás entonces a la enseñanza 102. Cuando te gradúes, te entregan algún certificado que se supone diga que tú recibiste entrenamiento en, digamos, la Contabilidad Básica.

Todos estos niveles, títulos, nomenclatura, evaluaciones, certificados y diplomas son una manifestación del pensamiento lineal y de la información (que es toda lineal). El conocimiento no forma parte de esto. Le llaman "conocimiento," pero muy pronto verás que no lo es. La información es una mercancía reproducible; el conocimiento es único e íntimo para el que lo *conoce* (*the knower*). La información se encuentra en un libro o en un servidor de computadora; el conocimiento está dentro de una persona.

En la escuela, tú no aprendiste mucho sobre tú cerebro y definitivamente no aprendiste *como pensar*. Eso se debe a que hay mucha gente que no quiere que tú pienses libremente por tú propia cuenta. Puede que entonces comiences a cuestionar lo que *ellos* piensan y así pueden perder el control sobre lo que quieren controlar. El cuestionamiento, sin embargo es un proceso fundamental de los Genios. **No hay ninguna escuela que te enseñe a cuestionar—va en contra de los principios en los que se basa la enseñanza.** La enseñanza trata el *no* cuestionar.

Este libro trata no sólo cómo pensar, sino también la parte más importante del pensar—aunque la gente no crea que sea parte—que es *cómo sentir*. Eso es particularmente fácil, porque tú no puedes evitar el sentir. En estos mismos momentos, estás sintiendo algo. Los seres humanos están sintiendo las 24 horas, todos los días—es inevitable. Lo que la gente *no* cree del sentimiento es que el sentir es útil, es productivo y que el sentir se puede manejar deliberadamente.

La gente se convierte así en *víctimas* del sentir en lugar de *maestros* del sentir.

Lo que logran los Genios no es particularmente complicado, pero sí suele ser revolucionario, contra-cultural y desaprobado por los demás porque es tan raro. Einstein, Mozart, Picasso y Henry Ford tenían todos unos cerebros perfectamente normales. Sólo que sabían usarlos y amaban usarlos, a pesar de que la gente a su alrededor no siempre apreció lo que estaban haciendo y cómo lo estaban haciendo. Has escuchado alguna vez que alguien diga, "¡Déjate de sueños y ponte a hacer algo útil!" Eso te da una idea de lo que estamos hablando aquí, lo cual nos lleva al...

Obstáculo número dos es prestarle atención a lo que los demás piensen y digan.

La mayoría de las personas, a pesar de sus buenas intenciones, tienden a producir en sus vidas y en sus trabajos, resultados mediocres. La mediocridad no es lo que quieren, pero cuando no logran conseguir lo que quieren, comienzan a crear una mitología que dice que la vida es dificilísima y misteriosa y que soñar es perder el tiempo. Eso se debe sólo a que no lo han entendido. Eso no es para nada como tiene que ser la vida.

Cuando tú crees en ideas que no son reales, como pensar que la innovación es difícil o que las demás personas son imposibles, o que las cosas nunca salen bien, o que la resolución de problemas requiere el análisis u otras perspectivas igual de negativas, la vida comienza a parecerse mucho a esas ideas. Este libro, sin embargo, no trata el llamado "pensamiento positivo," porque el pensamiento positivo tiene poca energía y a solas, no puede cambiar las cosas. Sin el sentir, no hay energía o pasión y los resultados son pobres.

Alguna gente ha tenido tantas experiencias negativas y sobre todo ideas negativas sobre el dinero, el trabajo, la carrera profesional, la productividad o la satisfacción, que también piensan que no se puede llegar a ser feliz porque, según ellos, el mundo es limitado, rígido y constreñido. El mundo no es así, pero ellos mismos sí lo son porque se apegan tanto a esas ideas.

Como consecuencia y muchas veces por pura frustración o cinismo o rabia, puede que los demás no te apoyen ni a tus ideas, porque son distintas. Preferirían explicarte porqué la vida, siendo difícil, no te va a permitir obtener lo que quieres. A fin de cuentas en la vida, obtener lo que se desea (o aproximarse un poco más a ello) te hace sentir feliz, mientras que *no* obtener lo que se quiere (o alejarse a ello) hace que te sientas infeliz. Al menos, ¡podemos todos estar de acuerdo con eso!

En cuanto a las opiniones, las ideas, las conferencias, las reacciones, el *feedback*, las sugerencias, los consejos, las advertencias, las recomendaciones, los sermones, las conversaciones, las historias de sus vidas y demás de los demás, uno de los principios fundamentales es fácil: no le prestes atención a lo que los demás piensan, porque si no, no podrás ser plenamente quien tú realmente eres y en ti mismo es donde se encuentra el Genio para ti—dentro de ti mismo, no en los demás. ¿Cómo puedes escucharte a ti mismo si les estás prestando atención a los demás?

Es importante saber por qué eso es así. Tú eres único en todo el universo. La persona que intenta darte consejos ha tenido su propia vida única y es una persona fundamentalmente *distinta* a quien tú eres. La historia suya es *distinta*, su educación ha sido *distinta*, las personas que influyeron en su vida fueron *distintas*, sus expectativas y aspiraciones son *distintas*—es decir, la vida tuya ya ha sido fundamentalmente *distinta* a las de los demás y tú autoimagen, tú identidad y las cosas en las que tú crees sobre ti mismo, son también profundamente distintas.

Los demás no tienen una solución, tipo *mercancía conocida*, que te puedan ofrecer de manera que te funcione a ti. Si la tuvieran, entonces todos seríamos exitosos. ¿Te parece que todas las personas sean exitosas? Claro que no.

No se puede hacer que los seres humanos se vuelvan una mercancía conocida en la que una talla le sirva a todos, por más que queramos que esto sea cierto. Si lo fuera, ¿no sería la vida locamente aburrida? Estaríamos todos haciendo exactamente las mismas cosas y pensando en exactamente las mismas formas, dirigiendo exactamente los mismos proyectos a la vez que aspiraríamos a los mismos resultados y a la misma identidad.

Tú no puedes escuchar a los demás porque en cuanto a ti, ellos no saben de lo que hablan. Además, cuando tú los escuchas, ignoras la voz de la única persona que sí te puede dar consejos que te lleven a lo que quieres, que si te puede ofrecer las soluciones que te van a servir a ti, que si te puede llevar derecho al éxito. Esa persona eres *tú mismo*.

Los Genios escuchan intensamente a *su propia voz*, no a las voces de los demás, no importa cuán "exitosos" hayan sido. Sin embargo sí interactúan con otras personas, pero no por las razones que se te pueden ocurrir. A eso llegaremos más tarde, cuando tratemos el tema de las conversaciones no lineales.

La persona que te va a educar a ti sobre tus formas de pensar eres tú mismo.

Se calcula que la industria de lo que llaman *"self-help"* (la autoayuda), genera en los Estados Unidos más de 10 mil millones de ingresos al año, principalmente con libros, seminarios y videos. La gente espera y quiere creer que es posible tener, en el futuro, una vida más grande y mejor—que se define como *obtener lo que uno quiere*—si tan sólo supieran cómo hacerlo. Tienden a pensar que *alguien* les puede decir cómo hacerlo, pero nunca encuentran a la persona acertada, con las soluciones que son las necesarias para ellos. Eso es casi imposible.

El problema con la autoayuda (*self-help*) es que en realidad se trata de ayuda-de-ajenos (*other-help*). El comediante norteamericano, George Carlin, se preguntó una vez hace años: "¿por qué le dicen *autoayuda*, cuando es *otro* el que lo ofrece?"

Con el "self-help," en realidad las soluciones no provienen para nada de ti mismo; provienen de los demás que te hablan a ti sobre *sus* experiencias, tratando las soluciones que les sirvieron *a ellos*, hablando de lo que *ellos* piensan que tú debes hacer y dándote a ti, *sus* recetas sobre situaciones y asuntos de los que ellos realmente no saben nada en absoluto, porque son asuntos tuyos y no de ellos… como si los seres humanos fuéramos todos una mercancía que produce los mismos comportamientos bajo las mismas circunstancias. Como si los seres humanos fueran aparatos que forman parte de una línea de ensamblaje industrial… o puntos en una gráfica Gantt. ¿Cómo puede ser eso, *autoayuda*?

En un artículo que se titula, "Los niños desobedientes acaban ganando más dinero cuando adultos," ("*Disobediente Children Make More Money as Adults*") yahoo.com nos informa sobre investigaciones llevadas a cabo por la Universidad de Luxemburgo, la Universidad de Illinois en Urbana-Champaign y la Universidad Libre de Berlin y que se publicó en la revista académica "Developmental Psychology". Señala que "los que desafiaron la autoridad cuando niños tiene la tendencia de tener mayores ingresos (que los demás) cuando adultos" ("...those who defined authority as kids tend to have higher incomes as grownups.")

Para descubrir su unicidad, los niños tienen que obrar contra las instituciones y los individuos que quieren convertirlos en mercancía, como en los conceptos del "niños normal," y los "niños y niñas buenos." Lo "normal" no existe en ningún campo; sólo fingimos que existe. El concepto de ser normal se usa como arma contra las personas que intentan ser quienes son y que piensan y actúan de formas diferentes. Los Genios a veces actúan como rebeldes, pero su objetivo no es tanto la rebelión como la libertad para ser la persona que quiere ser.

Tú eres único porque tienes como identidad un universo que te define y que tiene poco que ver con lo que ya han experimentado y recomiendan los demás. Eso también se puede referir a cada proyecto, en el que cada uno tiene sus propios acuerdos, sus comprensiones, sus experiencias, sus ideas y demás, porque los componen personas. En cierta forma, cada proyecto es, en su forma particular, una entidad única.

Las empresas le dedican miles de millones para producir resultados definidos cuidadosamente, en periodos de tiempo también definidos cuidadosamente. Sin embargo, el grado al que fracasan los proyectos sigue consistente y extremadamente alto.

El grupo consultor norteamericano calleam.com le presenta a la empresa consultora McKinney & Company un estudio—tú lo puedes encontrar entre muchas fuentes que se encuentran en el *internet*, dicho sea de paso—que te dan una idea de lo que sucede:

Un estudio de 5,400 proyectos grandes de TI (proyectos con presupuestos de más de 15 millones de dólares) ha señalado que los problemas más conocidos que manifiesta la dirección de proyectos, persisten. Entre lo más importante que descubrieron está lo siguiente:

1. El 17 por ciento de los grandes proyectos de TI salen tan mal que pueden causar el fracaso de la empresa completa.

2. El promedio de los proyectos de TI *sobrepasan* el presupuesto que tienen por un 45 por ciento y sobrepasan el tiempo disponible para llevarlo a cabo, un 7 por ciento del tiempo, mientras que a la vez producen un 56 por ciento *menos* del valor que se habían propuesto.

Estos resultados desastrosos son sólo un ejemplo; hay un gran número de encuestas que demuestran resultados hasta peores, tratando empresas de TI y sus proyectos. En la mayoría de los proyectos, reina la mediocridad. No nos lo creas, aunque si estás leyendo este libro probablemente ya lo sabes. Sin embargo, ¡averígualo! Lee algunas de las investigaciones sobre el tema. Es muy fácil de encontrar. Sólo que no pases mucho tiempo en eso; no es lectura divertida. Como verás más adelante cuando hablemos de la resolución de problemas, entender meramente un problema no te ayudará necesariamente a resolverlo.

Usualmente, el fracaso que se le atribuye a estos "problemas ya conocidos" se dice que incluyen fenómenos como expectativas poco realistas; la toma de decisiones que no funciona por falta de peritaje; asuntos estratégicos que no se han resuelto en la organización; la falta de entrenamiento; faltas de comunicación; y en resumen, muchos problemas aparentemente imposibles de resolver. Si tú intentas buscarle soluciones a cada uno, te pasará como al aprendiz del poema de Goethe (y al de la famosa película de Walt Disney,

"*Fantasía*") —nunca alcanzarás lo que hay que hacer y el problema se continuara empeorando.

La mayoría de la gente no se da cuenta de las causas verdaderas de la enorme diferencia entre lo que quieren y lo que consiguen y sus instintos usuales hacen que continúen *analizando la situación más y más*, para entonces determinar una lista de *medidas que deben tomar para rectificarla*, sin entender que es precisamente *esa forma lineal de pensar*—dividir las cosas en fragmentos y luego ponerlos en fila para formar una secuencia—que es el grano del problema. Eso lleva a problemas más y más grandes, escalando las pérdidas. Una vez se haya identificado un problema, continuar analizándolo lo hace peor.

Sí, la dirección de proyectos exige "dividir las cosas en fragmentos y luego ponerlos en fila para formar una secuencia," pero para tener éxito, esa estrategia es relativamente insignificante en cuanto a determinar el éxito. Crear eso es una habilidad "de entrada," como hemos explicado—se necesita para entrar por la puerta, como director de proyectos, pero mayor peritaje en esa habilidad no hace ninguna diferencia en absoluto para producir resultados superiores. Cualquiera piensa en términos lineales sobre la dirección de proyectos. ¡Todo el mundo lo hace!

Tú no podrás inventar una solución útil—el llamado "*thinkingoutside the box*" o pensamiento innovador—cuando es precisamente la forma de pensar en la que te encuentras la que ha creado el problema ("*thinking is the box!*).

La Época de la Información te creará distracciones para que tú te distraigas de prestar atención a ti mismo. No existe un "*app*" de información o proceso o *software* que te permita detener el diluvio. Tú puedes seguir gran cantidad de recomendaciones para poner el *e-mail* al día y aun así, no podrás ponerte al día. Mañana tendrás que confrontar lo mismo o algo aún peor. La linealidad tiene un impulso enorme que solo se puede cambiar con lo *no* lineal.

Has notado que, mientras que cada vez que nos adentramos más a la Época de la Información, más buscamos—y nos hacen oferta de— ¿maneras para manejar toda esa información? La gente trata el tema de la información, al buscar soluciones, como si fuera un problema de volumen, pero no lo es. Eso es parte de la invención de categorías como si fueran baldes, como si se pudiera controlar la creación exponencial de información en el mundo usando más baldes para contenerla. Tendremos tanto éxito como el aprendiz de mago, que intento recoger ríos de agua y ponerlos en baldes.

Nunca habrá suficientes "baldes," no importa cuántos tú te inventes. A la linealidad le gusta crear nuevas categorías para las cosas. Desde la innovación a la productividad, los académicos y los consultores se maquinan nuevas definiciones y nuevas categorías y nuevos cajones para ponerlos. Esa es la naturaleza de la linealidad. Para eso ha sido diseñada. Si tú puedes valerte de alternativas, entonces ya no tienes problemas, pero esas alternativas tienen que surgir de otras formas de pensar.

La información, de por sí, no puede resolver los problemas de la información.

En las organizaciones, cuando hay una sobreabundancia e información que se controla estrictamente, se generan **jerarquías** y las jerarquías, como la información, se extienden más y más a la vez que crece la organización. Proliferan los títulos, las nuevas descripciones de puestos, las gráficas para representar cómo está conectada la organización y continúa cambiando constantemente.

Las organizaciones planas, es decir, sin jerarquía (*"flat"*) no funcionan porque la intención es crear en la organización características que resultan ser poco importantes para el pensamiento humano (como todo lo lineal) y acaban por cambiar las cosas muy poco. Lo que sí podría servirles es hacer la organización menos jerárquica con mayor transparencia en la toma de decisiones; no se trata de tan sólo cambiar la representación gráfica de los puestos en la organización.

Más y más información genera más y más reglas, más posiciones políticas y más reglamentos sobre *quién* toma *cuáles* decisiones, usando *qué* información. ¿No se suponía que el llamado *"Knowledge Management"* se encargaría de todo esto? Pues, ¡naturalmente, no es así!

Hoy día, en la mayoría de las organizaciones, tenemos más directores (*managers*) que lo que realmente se necesita. Ellos mistifican su trabajo al no compartir su toma de decisiones o los criterios que usan para eso (vea el artículo titulado, *"The End of Management,"* "El final de la dirección," de J. Santiago Pedrosa). Mientras más información tenga que tratar una organización, más se empeora este fenómeno. Los directores sienten la obligación de aparentar ser útiles, o hasta indispensables y por esto ofuscan todo lo que realmente están haciendo. Puede que hasta se preocupen porque los empleados se den cuenta de lo poco que realmente saben, o lo poco que están logrando. (Los Genios nunca se tienen que preocupar por eso.)

Las jerarquías se producen cuando la toma de decisiones y el acceso a información clave se controla estrictamente. Si esto no se comparte y discute abiertamente, la organización sigue moviéndose en dirección de más jerarquías.

Las organizaciones piensan que pueden diseñarse de forma plana (*"flat"*), motivadas por un ideal altruista o la idea equivocada de que esto hará más fácil el trabajo. Lo que no entienden es cómo y porqué se crean las jerarquías.

Es también un ejemplo de cómo la información, en general, tiene efectos que se producen en dos etapas: un efecto inmediato (la reacción) y un efecto a largo plazo (que cambia tanto la organización misma como el medio en el que opera). Puedes ver a que nos referimos si observas los cambios en nuestra comunicación e instituciones en el campo de la política. Las instituciones están cambiando sobre la marcha, pero persisten en reaccionar antes cosas triviales.

Con las tecnologías de la información, nuestros trabajos se extendieron de unas 40 horas a la semana a una semana "24/7"—es decir, en la que se tiene que estar siempre disponible. Hace apenas unos 30 años un cliente no hubiera podido encontrarte después de las "horas de cierre." Tenían que dejar un mensaje, para que te comunicaras al día siguiente. Hoy, tú llevas al cliente en el bolsillo, incluso cuando tienes que tomar un descanso para ir al baño. ¿No es esta la tecnología que se suponía que nos hiciera el trabajo y las vidas más fáciles? Incluso el llamado *"multi-tasking"* (el hacer varias cosas a la vez), que se ha comprobado que es sólo un mito, si miramos lo que realmente está haciendo el cerebro en ese tiempo, ha adquirido importancia y dedicación entre gente que no se da cuenta que se está hundiendo más en las arenas movedizas de la información. Reaccionan ante cosas triviales, mientras que el "juego" verdadero consiste en cambiar sus propias reglas.

La tecnología nos adiestra para que *notemos* y *reaccionemos*, pero no para que *sepamos*. La capacidad para la intimidad y para las posibilidades para conocimientos se disminuye mientras más información atendamos. La mente consciente—nuestra forma de atención primaria—no tiene la capacidad de anchura de banda ("*bandwidth*") para tratar la información y los conocimientos a la misma vez.

Es un resultado sorprendente de la Época de la Información que *nos distancia más lejos* de los conocimientos y *nos acerca más hacia* la información y la reacción. La innovación, la resolución de problemas y la creación de resultados exitosos e inesperados son cuestión de *conocer y saber*; no son cuestión de estar *informado*. Para saber, hay que enfocarse deliberadamente.

Hay muchas empresas principiantes, con *software* novedoso para manejar la información, con nuevas formas de buscar documentos en la computadora, por ejemplo; con nuevas formas de presentar esa información y con nuevas formas para enviarla a otros o a la "nube." Esta proliferación del control de la información y sus "soluciones" no se acabará nunca porque la gente siempre tendrá la esperanza de que alguna de éstas realmente le resuelva las cosas. Sin embargo, la tecnología de la información siempre generará más información que lo que pueda tratar la gente razonablemente, con un acercamiento lineal.

En este libro te enseñaremos cómo tratan esto los Genios directores de proyectos. Obtienen resultados excepcionales y son reconocidos por esto. Tú puedes también hacer lo mismo, porque no es que los Genios tengan una calidad genética que no tengan los demás. No llegaron al mundo con un don neurológico; son resultado del deseo que tienen, por una parte y sus reacciones ante los sucesos de la vida, por otra, su neurología dotada es por la plasticidad cerebral— cuando experiencias repetidas resultan en cambios neurológicos. Ellos entienden el idioma del Genio, que ha sido despreciado, rechazado e ignorado por más de mil años. Tú todavía no te has dado cuenta, pero rechazar y despreciar tú propio Genio es algo que ha sido ya parte de tú "educación."

Sin embargo, tú cerebro ya usa el idioma del Genio. Usa *dos* idiomas, pero se te enseña a solo usar *uno*. Sólo los Genios los usan a los dos, *deliberadamente*. Aprendemos (y usamos) los idiomas que se nos enseñaron en la escuela, los idiomas de palabra y de números.

A la cultura de occidente se le puede decir que es una cultura avanzada que ha sido basada en ilusiones. La gente insiste en hablar sólo un idioma mientras viven en un cuerpo con un cerebro que habla *dos*.

El idioma que usamos y que conocemos bien es lo que llamamos **linealidad** y consiste principalmente en números, en códigos (usualmente de *software*) y en palabras. La linealidad es a lo que nos referimos cuando hablamos de "idiomas." Los idiomas lineales definitivamente son útiles, pero sólo forman *parte* de lo que se encuentra en el mundo real. Es por eso que la mayoría de los proyectos no se terminan a tiempo, se sobrepasan de sus presupuestos y no reflejan excelencia. **La parte de la realidad que están tratando es demasiado limitada.**

Dos mentes que se comunican en dos idiomas

¿Tú te has dado cuenta de cómo las innovaciones, las soluciones a los problemas y las grandes ideas suelen estar fuera del alcance? ...¿como si se nos estuvieran escondiendo? Somos adultos inteligentes y con experiencia y se nos hace difícil innovar o resolver problemas—dos exigencias de la mayoría de los problemas de las empresas—que se anuncian con el persistente mito sagrado del "trabajo duro" (*hard work*).

¿Por qué? ¿No debería ser *fácil* todo esto? ¿Por qué es la innovación fácil para los Genios, pero difícil para los demás? ¿Tienen ellos alguna capacidad excepcional que se nos escapa? ...porqué, la verdad es que ningún Genio que hayamos conocido en los libros nos explica las cosas de tal manera que pudiéramos decir, "¡Oh! ¡Ya lo entiendo! ¡Con razón!" No, siempre tienen algo "mágico" y excepcional que nunca se nos explica. No hay Genios del trabajo duro.

Es como si los Genios fueran extraterrestres que llegaron a la tierra para hacerse Genios. ¿Te has fijado? ¿Por qué es así?

Lo extraño es que, una vez te lo expliquemos, tú verás que ser Genio está al alcance de todos. **Es sólo que nadie lo entiende.** ¿Por qué no lo entiende nadie? Uno pensaría que ya a las alturas del siglo 21, todo esto se hubiera aclarado.

Te lo vamos a explicar con claridad. Piénsalo de la siguiente forma. Digamos que tú fuiste a la ciudad de Helsinki, en Finlandia y asististe a una reunión. Tú no hablas el finlandés para nada. Al final de la reunión, se te pregunta "¿qué entendiste?" tal y cual lo explicaron en finlandés, sobre los secretos del universo, lo cual tú desconoces.

Tú definitivamente no entenderías *nada* y sabrías tanto sobre los secretos del universo como cuando entraste por primera vez a la reunión, es decir, absolutamente nada. Es exactamente la misma situación.

Cuando decimos que los Genios hablan otro idioma, es justo lo que queremos decir—***otro idioma completo***. No podemos recalcar lo suficientemente cuán importante es saber esto, hasta sólo para usar este libro. En la **Parte 2, La no-linealidad,** explicamos ese segundo idioma, el "finlandés" que usan los Genios, pero tú tendrás la tentación de usarlo como usas el idioma lineal que ya conoces. Te recordaremos que eso no funcionará.

Los dos idiomas a los que nos referimos los usan lo que llamamos *la mente consciente* y *la mente no-consciente*. Esos son los dos términos que preferimos usar para representarlos, aunque hay muchos otros que se usan con frecuencia. Lo no-consciente frecuentemente se llama *el sub-consciente* o *el inconsciente*, por ejemplo. En inglés, a la mente consciente se le llama con frecuencia, *waking consciousness*, es decir, la mente consciente cotidiana.

La mente consciente cotidiana parece ser, cuando nos encontramos allí, un estado mental continuo de estar alerta, de estar percibiendo lo que está sucediendo y poder actuar y pensar rápidamente. En realidad, no es continuo, pero eso es sólo porque está ejerciendo sus inevitables decepciones (hablaremos sobre eso más adelante). Lo cierto es que en cualquier periodo de tiempo, resulta que no estamos realmente en un estado mental de alerta.

En realidad nos movemos entre diferentes estados mentales en cualquier periodo de tiempo. Es posible que nos acordemos de algo por uno o dos segundos; eso puede que haga surgir un sentimiento que nos gusta (o que no); es posible que pasemos por un estado de soñar despierto, en diferentes cosas; puede que analicemos mentalmente algo con tanta intensidad que ni nos demos cuenta de lo que está sucediendo a nuestro alrededor, hasta que algún susto nos haga "despertar" a la realidad en la que nos encontremos; pensamos en comer porque el estómago hace ruidos y así por el estilo. Todo esto es parte normal de ser humano y de experimentar la mente consciente y cotidiana. Sólo nos hacemos creer que la mente consciente es continua, sin interrupción, pero no lo es.

La mente no-consciente es de donde vienen todas las innovaciones y las soluciones importantes. Se nos "ocurren," es decir, ocurren dentro de la mente consciente, pero ella *no los produce*.

La mente consciente cotidiana sólo tiene dos funciones principales: la habilidad para *enfocar* (lo que llamamos la *"atención"*), que nos permite decidir lo que queremos; la otra, que es una consecuencia necesaria de su limitada "anchura de banda" (*bandwidth*) es la decepción, que nos lleva a pensar que estamos viendo toda la realidad entera cuando en realidad sólo nos exponemos a una fracción infinitamente pequeña de ella.

Todo lo demás—que lo compone casi todo—lo maneja la mente no-consciente. Tú, ¿acaso determinaste cómo filtrar el contenido entero de sangre de tú cuerpo, como sucedió en los últimos cinco minutos? No. Eso lo hizo tú mente no-consciente. ¿Cómo dedicaste los jugos gástricos, o sus hormonas, o la presión sanguínea...?

Pensamos que una entidad "inteligente" es una que puede recoger información, evaluarla, determinar qué hacer con ella y tomar decisiones útiles—basándose en resultados más importantes—que optimicen el logro de esos resultados, tomando en consideración los recursos y el tiempo disponibles. Esto lo está haciendo en tú cuerpo la mente no-consciente billones y billones de veces a cada instante, con tantos datos y tantas decisiones que tú mente consciente no podría nunca ni siquiera *imaginárselos*.

Piénsalo como si fueras a esquiar sobre la nieve. ¿Puede una persona que esquía saber realmente lo que está haciendo? No, no lo puede. Como sucede con la mayoría de los Genios, si les preguntas cómo hacer lo que hacen, invariablemente te dirán, "¡Es cuestión de trabajar muy duro!" Esa es la respuesta que te dará alguien que realmente no tiene idea de cómo hace las cosas y la mayoría de los Genios no lo saben. No importa que no puedan explicar *cómo*; lo que logran no depende para nada de saberlo.

Un esquiador depende de los conocimientos del cuerpo físico y en las sensaciones emocionales y físicas que experimenta en cada momento. ¿Podía haber suficiente tiempo, viajando en esquíes a sobre 60 millas por hora, para analizar las situaciones? Claro que no. El esquiador opera con el instinto, que es *no*-consciente y que se basa en el sentir. Es como si su cuerpo tomara las decisiones instantáneas, micro-segundo por micro-segundo. Y así es. Se trata de la mente no-consciente, usando su propio lenguaje, el idioma del sentir.

Sí, si tú laboras muy, muy duramente una y otra vez, puede que logres un poco de ese movimiento. Desde luego, también podrías acabar muerto. La práctica sólo sirve si se produce en el contexto debido. Lo que llamamos la "práctica" es sólo una de las formas en las que la mente consciente toma decisiones sobre lo que quiere y se las comunica a la mente no-consciente en su propio idioma— mediante el *sentir*. La práctica es la forma en la que la mente consciente identifica lo que quiere y lo que *no* quiere—es decir, su única función.

En 1962 Thomas S. Kuhn escribió un libro brillante sobre la historia de la ciencia, titulado *"The Structure of Scientic Revolutions"* ("La estructura de las revoluciones científicas"), en el que describió al progreso científico como basándose en "paradigmas"—un paradigma es una forma mental con sus propias maneras de pensar. Un nuevo paradigma acompaña a cualquier idea profundamente revolucionaria. Si tú hubieras sido estudiante universitario durante los años '70, el libro de Kuhn hubiera sido una lectura obligatoria, aún si no estuvieras en un programa científico.

Kuhn hablaba de los nuevos descubrimientos en la física. El entendía los procesos que ayudan a activar la creación de estas ideas y sabía además de dónde vienen:

"Los paradigmas no los puede corregir para nada la ciencia normal."

Kuhn aquí se refiere a que no importa cuántos datos descubramos que indique que nuestro paradigma o visión del mundo se *equivoque*, necesitamos descubrir un paradigma nuevo para corregir nuestra comprensión de esos datos, que la ciencia normal—es decir, la ciencia que es la mente consciente pensando sobre la ciencia—no produce. La ciencia normal...

> ...en última instancia sólo lleva al reconocimiento de las anomalías y de las crisis. Y éstas se terminan, no por la deliberación y la interpretación, sino por un suceso relativamente repentino y no estructurado... Los científicos entonces hablan de que **"las escamas se les cayeron de los ojos,"** o del **"relámpago"** que inunda un misterio que anteriormente era sin resolver, permitiendo que sus componentes se vieran por primera vez de

> una nueva forma que permite su solución. Por otra parte, la iluminación relevante viene durante el sueño. [Aquí Kuhn cita a Jacques Hadamard sobre 'la intuición no consciente.'] No hay ninguna definición del término 'interpretación' que explique estos relampagueos de intuición mediante los cuales nace un paradigma nuevo. (Kuhn, p. 123) **[La letra negrita es de los autores.]**

En otras palabras, mientras que la consciencia cotidiana (la ciencia "normal") puede reconocer e identificar las anomalías y las crisis, no los puede resolver, generando una idea nueva. Eso tiene que venir *de otra parte*.

Las ideas mismas de Kuhn crearon un paradigma nuevo para la forma en que entendemos la ciencia y para la forma en que se desarrollan los descubrimientos científicos. Anteriormente, por mucho tiempo, se habían considerado el resultado de una progresión lógica, racional de "interpretaciones" lineales, incrementales y conscientes. Resulta que eso no es para nada cierto. El progreso científico es una mezcla de, primero, el descubrimiento consciente de anomalías y segundo, de que de momento, se nos "ocurran a la mente" las soluciones y los paradigmas nuevos. **Esa es la forma en que la mente consciente cotidiana identifica lo que quiere (la solución al dilema) y en que la mente no-consciente provee al "relampagueo" ("de momento, se nos ocurre.")**

Se requiere otro estado mental, que no se usa el análisis o la interpretación, para invitarle a entrar a la mente *no*-consciente, de manera que sus soluciones, de momento "se nos ocurran."

En un libro de Marc Lewis titulado "***The Biology of Desire, Why Addiction is Not a Disease,***" "*La biología* *del deseo, porqué la adicción no es una enfermedad"* (2015), aprendemos que nuestros diagnósticos, de la adicción como enfermedad, están equivocados, a pesar del hecho de que en E.U. hasta una legislación, apoyada por doctores médicos, que aboga por ese mismo diagnóstico. La perspectiva de enfermedad le roba a la gente la dirección de sus propias vidas.

En general, la gente que le llama a estas manifestaciones "desórdenes" (*disorders*), son personas que en sus propias vidas no los experimentan y por eso no lo consideran comportamiento "normal." Lewis dice: "El cerebro evolucionó para perseguir objetivos enfocando su atención y motivación en lo que le diera placer o alivio, especialmente con lo que está frente a nuestras narices." Los desórdenes de la atención, entre ellos la de la *falta de atención y comportamiento hiper-activo*, el de *la compulsividad obsesiva* y la *depresión*, son simplemente el cerebro, llevando a cabo el trabajo para el que fue diseñado y posiblemente, haciéndolo demasiado insistente, en un repeticiones comportamientos de auto-esfuerzo incrementales.

¿Para qué sirve la habilidad para enfocar? El enfocar le permite a los Genios responder de forma inteligente a la pregunta más importante de sus vidas, la pregunta que permite que aumente su Genio: **"¿Qué es lo que quiero?"**

Es lo más importante, porque la contestación a esa pregunta—que, claro está, puede cambiar frecuentemente—provee contenido para la identidad del Genio. En última instancia, ser Genio es cuestión de quién piensas que eres y nadie más tiene que saberlo.

Ese es el producto más importante de la mente consciente: con su habilidad para *enfocar*, es decir, para seleccionar una idea central y ponerle toda su atención (y no en el contexto que le rodea), podemos entonces responder a la pregunta de importancia primordial: "¿qué es lo que quiero?" La mente no-consciente no puede enfocar de esa forma y por eso, *la mente no-consciente no inicia el deseo*. Las contestaciones a la pregunta cambian sobre el tiempo, en formas importantes y útiles. A fin de cuentas, **ser Genio es cuestión de un sentimiento poderoso sobre la identidad propia.**

Al "*enfocar*" con frecuencia se le llama la "*atención.*" En la Época de la Información, mucha gente prefiere el término "atención," pero a nuestro parecer, su sentido es más amplio que el de "enfocar." La intención de ambos es concentrarse estrechamente en algo, sea material o intangible, para aislarlo de su contrario. La consciencia cotidiana se puede enfocar o en lo material o en lo intangible: fíjate en el libro que tienes entre las manos; imagínatelo flotando por el aire. El poder de enfocar que tiene la mente cotidiana es poderoso y eso es bueno ya que la mente consciente cotidiana realmente no hace mucho más que eso.

Lo que llamamos la consciencia cotidiana observa la realidad a través de un agujero. Creemos que estamos viendo un cuadro completo, pero en realidad lo que vemos es lo que captamos a través del agujero. Los investigadores del tema hace tiempo han estimado que la consciencia sólo capta, cuanto más, apenas unos 40 *bits* (la unidad más mínima de información) por segundo. Eso no es mucho.

El pensamiento no-consciente, sin embargo, definido por la cantidad de neuronas que se involucran, tiene la capacidad de captar hasta 40 *millones* de *bits* por segundo. Tors Norretranders, en su libro "*The User Illusion, Cutting Consciousness Down to Size,*" ("La ilusión del usuario, Midiendo la consciencia en su pequeño tamaño verdadero") pasa mucho tiempo tratando el tema de esta diferencia entre las dos formas de consciencia, elemento central del libro.

Aunque hay formas diferentes para definir y medir estos *bits* y lo que significan en el cerebro humano, lo que sí es importante no es tanto su número absoluto como la diferencia masiva en la proporción entre los océanos que absorbe el no-consciente comparado con el chorrito de información que capta la consciencia cotidiana. Como quiera que lo defina, hace décadas que hemos sabido del contraste en proporción entre las dos formas de consciencia.

Hay que añadirle a esto todas las entidades inteligentes que tiene dentro el cuerpo humano. Si definimos la "inteligencia" como la capacidad para tomar decisiones apropiadas y beneficiosas cuando se encaran a una variedad de alternativas, entonces hay también órganos y otras partes del cuerpo humano que tienen una inteligencia propia.

En estos momentos, ¿estás enterado del funcionamiento del sistema linfático en tú cuerpo, o de tú digestión, o del sistema circulatorio? Dentro de tú cuerpo, hay constantemente una toma de decisiones inteligentes, vitales y complejas. Hay muchas formas de no-consciencia física y mental. Funcionan sin la participación de la mente consciente cotidiana porque ésta no puede atender ese gran volumen de información y mucho menos tomar decisiones sobre ella.

De hecho, los neurólogos hoy prefieren llamarle al cerebro "el cerebro incorporado" (*the embodied brain*), porque nuestro concepto de cerebro y cuerpo separados es todavía, fundamentalmente un modelo de la Época Industrial (como lo son también nuestros modelos para la educación y el aprendizaje y para la innovación y la resolución de problemas).

Hasta que no entendamos a la linealidad en la perspectiva correcta, en lugar de pensar que presenta toda la realidad, continuaremos a ser entidades en un cuerpo con un cerebro que habla dos idiomas mientras usamos sólo uno.

La dirección de proyectos se ha diseñado, definido y medido históricamente sobre los términos de una linealidad rígida. El éxito de un proyecto se mide enteramente como una sucesión de fragmentos que se diseñaron por anticipado. En este sentido, el éxito significa que el proyecto procedió "según el plan" y cumplió con todas las expectativas determinadas con anticipación, especialmente en cuanto a tiempo y costo.

Desafortunadamente, en la realidad, ¡esto no sucede con frecuencia! Cuando uno examina cuántos proyectos tienen el éxito o el fracaso, tecnológicos o de otro tipo, el fracaso es el resultado más común. Ese es el legado de la linealidad. Examina el proyecto mediante el "agujero" de la consciencia cotidiana (y su linealidad), valiéndose solamente de lo que es visible y de lo que se puede medir.

La realidad es mucho más compleja y más grande que eso, pero la linealidad no nos permite entenderla. Es por eso que el trabajo necesario no lo pueden cumplir los certificados de *project management*, las formas distintas para medir, el *software* y/o demás formas de control. Aun así, el pensamiento lineal continuará inventándose nuevas formas para ejercerse, aunque la mayor parte del tiempo fracasará.

¿En qué consiste, exactamente, la *linealidad*?

La linealidad forma parte de todo lo que producimos. Pensamos cuidadosamente sobre el lenguaje lineal y lo consideramos una virtud que las cosas sean lineales. Pensamos que la no-linealidad, sea lo que sea, es algo que no queremos, que confunde, que es desordenado y hasta execrable.

La linealidad quiere decir que las cosas se ponen en fila, primero uno luego el próximo, como los vagones de un tren, como la maquinaria de una línea de ensamblaje. Para poder poner las cosas en fila, tienen primero que formar **fragmentos** o partes, como los vagones o la maquinaria. La linealidad quiere decir que primero descomponemos las cosas para ver sus partes y poder componerlas luego; no se trata, sin embargo, de cualquier orden. Las cosas tienen que alinearse en una **secuencia**, para que tengan sentido y para que puedan crear valor.

Una secuencia es un fenómeno lineal particular que tiene orden. Esa secuencia adapta las partes del producto para que conformen con la maquinaria o con la idea del proyecto o con el presupuesto que hay disponible. Tomamos las secuencias y la linealidad dan por sentado que no nos damos cuenta cuánto componen nuestra realidad externa. Componen sobre todo, las partes de idioma de nuestra realidad.

Piensa, por ejemplo, en la palabra "**secuencia**." Podríamos ordenar las letras que componen esta palabra en muchas formas distintas. "**ceucneais**" es una de estas formas, por ejemplo. Contiene exactamente las mismas letras del alfabeto, pero obviamente no tiene sentido alguno y por eso no tiene valor (excepto por demostrar lo que estamos demostrando). Ya tenemos un acuerdo sobre la palabra "secuencia" y lo que significa. Ese acuerdo es útil porque significa lo mismo para todos. Eso es lo que llamamos alfabetismo. El alfabetismo es una de las formas de linealidad. Es nuestra preocupación principal cuando queremos que los niños aprendan.

Cuando asistimos a la escuela como niños, aprendimos primero que las cosas se tienen que poner en fila (¡incluyendo hasta los niños mismos!). Cuando se trata de un idioma, las cosas tienen sobre todo que ponerse *exactamente* en una línea ordenada. En la escuela, le llamamos a esta parte de nuestro aprendizaje, la "ortografía." En E.U., que usa un idioma cuyas palabras no siempre se pronuncian como se escriben, los estudiantes compiten para ver quién mejor ha aprendido la ortografía. No hay competencias para ver quien ha mejor entendido la *no*-linealidad, porque para empezar, la gente ni sabe lo que es.

Cuando crecimos y estudiamos más, aprendimos que hay muchas más formas de orden y de secuencia, dependiendo de lo que uno estudia y la carrera profesional que escoja. Todas las disciplinas académicas dependen de esto. Tú tienes la obligación de seleccionar la carrera que quieras para tú educación superior. Esa carrera ya tiene definidas sus definiciones, sus categorías y linealidades estrictas de todo tipo. Hay un sitio en el *internet* que anuncia puestos de trabajo y carreras particulares, que se llama "*ladders*" ("escaleras") por buena razón. Su carrera se entiende como si fuera una línea de ensamblaje vertical—primero un peldaño de la escalera, luego el próximo y así sucesivamente.

Como consecuencia, alguna gente se cree que la linealidad tiene algo que ver con los conocimientos, por razones obvias, pero en realidad no lo tiene. Como también hay alguna gente que cree que uno no puede pensar sin palabras, cuando las palabras son lo de menos. Pero eso sirve como testigo de cuánto valoramos la linealidad.

Los idiomas son lineales porque se componen de fragmentos—ya sean letras o ideogramas o dibujos—y estos se colocan en una secuencia que hace sentido. Por ejemplo, el código, o idioma del *software* es siempre una secuencia de fragmentos: **settextstyle(TRIPLEX_FONT,HORIZ-_DIR** es una secuencia.

Cualquier uso de números que tenga sentido, forma una secuencia, como por ejemplo, **21 + 2 = 23**. Todo lo que forme parte de la contabilidad, como la hoja de cálculos o una declaración de ganancias y pérdidas, son secuencias. Todas las secuencias se conforman a un **protocolo** exigente y detallado. Los protocolos son reglas para la linealidad. En la ortografía, por ejemplo, sabemos que la letra "l" y la letra "ll" son distintas, se pronuncian de manera distinta y pertenecen sólo a palabras particulares.

Los protocolos para las secuencias de cualquier idioma son siempre muchos, porque los idiomas crean muchas versiones distintas de sí mismos y hay excepciones infinitas. No importa el tema que escoja de la tecnología, será naturalmente definido con protocolos para ordenar los datos en secuencias, de manera que formen información. La gente toma muy en serio estas reglas. Actualmente, por ejemplo, hay un debate sobre si el punto que va al final de una oración de texto debe ir seguido de *un* solo espacio en blanco, o *dos*.

El **contexto** es la razón por la cual la información que sea, siempre es incompleta. El contexto nunca se puede expresar completamente con el idioma y en el mensaje. Siempre falta algo que la linealidad no puede captar, aunque no es por falta de intenciones. El contexto es una forma de contenido oculto que tanto el que envía el mensaje como el que lo recibe *suponen*. Esto frecuentemente causa muchos malentendidos porque tanto el que envía el mensaje como el que lo recibe, tienen sus propias suposiciones sobre las partes del contenido/contexto que no se mencionan. Resulta que muchas de esas suposiciones son diferentes, pero no se mencionan. Cualquier contexto forma parte de un "diagrama de Venn" infinito.

Los contextos se pueden relacionar, casi sin fin, a diferentes tipos de información. La geografía de Inglaterra es parte del contexto de la Segunda Guerra Mundial (1939 – 1945), pero también lo es el Tratado de Versalles de 1919. Se puede ver que el contexto depende de la perspectiva, que es el panorama que uno observa desde donde se encuentra, es decir desde en lo que se enfoca. ¡Por eso es tan fácil que la gente esté en desacuerdo!

El contexto es algo individual. Lo que forma la perspectiva y el contexto para una persona, o para una situación, no son, para nada, necesariamente lo mismo que para otra persona u otro contexto. Pero nuestra tendencia es la de comunicarnos como si fueran iguales, que es otra forma de decir que la gente forma suposiciones sobre lo que saben o no saben los demás y actúan de acuerdo a ellas. A veces se ponen furiosos cuando la otra persona no tiene la misma perspectiva que tienen ellos. No tener el contexto necesario, absolutamente destruye la información que se le amontone.

Uno no puede, por ejemplo, escribir con suficiente detalle como para contestar todas las preguntas que puedan surgir sobre un tema cualquiera, por ejemplo. La línea de ensamblaje que es el pensamiento lineal siempre tiene un final; no es infinita y siempre le falta algo. Uno no puede tener suficiente información como para tratar la necesidad de información porque eso requeriría toda la información en el universo.

Cualquier persona a la que tú le pidas que te haga un resumen de un proyecto que está sobre la marcha, te va a ofrecer suficiente contexto como para entender *su* evaluación de lo que tú necesitas. Eso nunca formará la totalidad posible de informaciones sobre el proyecto, sino sólo una parte pequeña que parezca apropiada tanto el que la ofrece como para el que la pide, porque no hay tiempo infinito para escuchar las explicaciones lineales y los inventarios de información a los que se refieren. Es cuestión de adivinar lo más apropiado.

Repetimos: es por esto que **la información por sí sola, nunca es suficiente**. *Pensar que la información sí es suficiente cuando no lo es*, es una de las formas principales por las que fracasan los proyectos. Recuerda que estamos hablando de la información y no de los conocimientos (que definimos como algo muy distinto, como tú ya verás). Cuando la gente piensa que la información por sí sola es suficiente entonces, se les acrecientan los problemas. No entienden que los conocimientos son distintos y no entienden la diferencia. Los *conocimientos* frecuentemente los tienen frente a sus narices todo el tiempo. Es, por ejemplo, ese sentimiento de incomodidad que tienen en el estómago y que han estado tratando de ignorar.

La información es un estimado sobre lo que se requiere para determinada situación; siempre llega el momento en el que hay que decir, "¡ya basta!" Por eso, la Época de la Información es la época en la que aprendimos que **la información nunca basta**—al menos, no en cuanto a la linealidad. El problema que tiene la gente con la Época de la Información es que mientras que están abundantemente *informados*, la realidad es que no *saben*.

Los protocolos ayudan a evitar tener que explicar demasiado contexto. Son una forma de abreviatura o taquigrafía (otro idioma que existía, antes de que los aparatos electrónicos los reemplazaran). Sin embargo, como es siempre el destino de la linealidad, la mayor parte del contexto quedará sin explicar. Esto es cierto para todos los proyectos. Piensa en todo el contexto que un nuevo miembro del grupo probablemente no aprenderá, o de lo cual aprenderá sólo pedazos, como por ejemplo...

- Las experiencias que desde el pasado, han motivado la política organizacional de los demás del equipo;

- La historia misma del grupo y los mitos culturales que más lo afectan;

- Las expectativas que no se mencionan, sobre cómo se debe tratar a la gente y los límites que tienen éstos;

- El comportamiento correcto de los participantes en el grupo y de la cultura organizacional;

- Las límites, sin nombrar, que tiene la innovación en la organización.

En cualquier lugar que los números formen parte de tú vida ya sea en el estado de cuenta del banco, en el recibo de un restaurante, en la lista de teléfonos en su celular, todos se componen de secuencias. Tienen sentido porque son parte de secuencias conocidas y de los protocolos que los rigen. Es fácil saber, por ejemplo, la diferencia entre $3.50 y 212-375-9119.

Esas secuencias forman parte de un contexto mayor, que ya no hay que explicar porque tú ya te lo aprendiste y lo has usado con frecuencia. Por ejemplo, cuando terminas la cena en un restaurante, el mozo te entrega un papel que tiene números escritos. Tú entiendes qué quieren decirte y cuáles son las alternativas para responder apropiadamente.

En los idiomas naturales usamos letras para crear **palabras**, que luego usamos para crear **frases** u **oraciones**, que luego crean **párrafos**, que pueden a su vez crear

capítulos, mensajes de *e-mail*, u otros tipos de documentos como propuestas, evaluaciones del desempeño, descripciones de puestos, solicitudes de empleo, peticiones, mensajes en *twiiter.com*, listas de compra y demás.

Todos tendrán más contexto supuesto y sin mencionar que el contexto declarado explícitamente.

Hay una época histórica que aceleró el alfabetismo a través de toda Europa, con la proliferación de muchos tipos de medios. Había, realmente, muchas formas de "medios sociales," sólo que en esa época no se usaba ese término. Se trata de la Revolución Francesa (1789 – 1799), que incluyó una proliferación masiva de **boletines, periódicos, revistas, libros, propuestas, legislaciones, notas, enmiendas, acuerdos, afiches y prospectos**, entre muchos otros. Hoy, podríamos pensar que eran demasiado primitivos como para considerarlos medios sociales porque no eran electrónicos, pero servían las mismas funciones.

Los medios de cualquier tipo son simplemente formas masivas y públicas de organizar los idiomas, incluyendo idiomas visuales como las fotografías, los cuadros, los videos y las partes de video, para crear una forma más manejable. Los medios son categorías masivas para la información de distintas secuencias. Todos los medios se crean de fragmentos ordenados en secuencias y luego coleccionados, copiados, distribuidos y presentados en categorías de secuencias todavía *más* grandes como las películas, los *blogs*, los libros de fotos, páginas de *tumblr.com*, planes de proyectos, listas de participantes y muchos más.

Algunas personas han pensado que estos volúmenes de información que son cada vez más complejos y que se ordenan en categorías más y más grandes con relaciones y nomenclaturas más sofisticadas, como una forma de conocimiento (*knowledge*). A estos procesos a veces les llaman *knowledge management* (la administración de conocimientos), pero no se trata de administrar conocimientos en absoluto.

Estos procesos todos usan fragmentos (mientras que el conocimiento verdadero, no) y son en realidad meramente formas del control que ejerce la información, sólo que más sofisticada y con más capacidad de contenido. El llamado "*knowledge management*" es una disciplina del mundo comercial y corporativo pero es y será siempre, *el control de la información*.

Nos gusta pensar que los conocimientos se pueden controlar pero no queremos ser personas "controladoras" así que evitamos esa palabra. Y "*knowledge*" suena más sofisticado y más complejo que "control." Es por eso que a lo que no es más que el "control de la información," le llamamos "*knowledge management*" que siendo siempre información, llega con sus propias secuencias y protocolos. Es fácil para la linealidad, crear nuevas definiciones y manipular los significados. Si lo duda, ¡habla con cualquier político!

Estas categorías, son todas intentos que hacemos para entender todos los fragmentos de información que nos está llegando sin cesar. En la dirección de proyectos tenemos categorías de proyectos y proyecciones temporales formadas de etapas o fases. Estas categorías son un intento de controlar la inundación de información que estamos recibiendo. Pensamos, equivocadamente, que con las categorías podremos controlar la inundación, que como quiera, sigue creciendo.

Los llamados "*value chains*," que tienen fragmentos alineados en secuencias propias, son otro ejemplo de realidades expresadas de forma lineal que son demasiado complejas como para entenderse de forma lineal. Son parte de la mitología científica que dice que hay una relación estrictamente directa entre causa y efecto para explicar los fenómenos multi-dimensionales.

El análisis y el nombrar las cosas no cambia la realidad que confrontamos, pero sí añaden más nomenclatura y nos dan un sentido de que "las cosas están bajo control." Los Genios, sin embargo, no se dejan engañar por las meras apariencias. La no-linealidad—el sentir—les da un detector de decepciones confiable (que Neil Postman, en su excelente libro, *"Teaching as a Subversive Activity"* –"La enseñanza como actividad subversiva," de 1971) le llamó un detector de *bullshit*.

Como la linealidad no puede explicar la infinidad de detalles que componen el contexto, siempre falta algo, algo siempre se echa de menos y por lo tanto, hay una decepción (no necesariamente intencional). ¡Es por eso también que es tan fácil crear teorías de conspiraciones! Las teorías de conspiración, que siempre tienen una falta parcial de hechos reales, siempre dependen de que el que las escucha o lee complete lo que falta.

El problema que usualmente confrontamos aunque no lo vemos, es el problema del *significado*. Si nos damos cuenta que las comunicaciones lo que intentan es descubrir y comunicar el significado, nos damos cuenta que **el problema principal de la Época de la Información es que nos *falta* información y no que tengamos una sobre-abundancia de información**.

Esto sorprende a la mayoría de la gente. Queremos *significado*. No tiene sentido tener información sin significado. Considere el siguiente ejemplo: "**8&9ddle 1 a C**." Esos son datos y sí están en una secuencia. Sin embargo, no parece representar ninguna categoría o protocolo que conozcamos o que usemos. ¿Qué significa? Bueno, no significa nada porque nos lo acabamos de inventar. No representa información, aunque sí parecería incluir datos que podríamos usar en otras categorías que tengan sentido.

Toda información viene de datos. Los datos son casi irreducibles, cosas pequeñas que de por sí, tienen poco sentido. Los números son datos; las letras son datos. El uso de cualquier idioma, no importa que use palabras, números o códigos, tiene como propósito último la creación, el almacenaje, el editar o comunicar *significado*. Sin significado, no tiene razón de ser.

La información se compone de datos, que como los ***bits***, en la tecnología representa las unidades más pequeñas de lenguaje matemático binario que se usa para el código del *software*. 01000001 es la letra mayúscula "A" en el código binario. Si uno piensa en las secuencias que le dan sentido a los datos, entonces tú podrás ver cómo **la información se compone siempre de datos, en línea, es decir, en formación** (*in formation*). Si no se usa la secuencia correcta no puede llegar a tener sentido porque los datos no estarán en la ***formación*** correcta.

La información no es más que puros datos, en una formación (in-formation). **No son conocimientos, sino que tienen significado gracias al** *sentir* **que no está ni fragmentado ni en secuencia; el conocimiento es puramente completo e instantáneo—características que no puede nunca tener la información.**

El significado vuelve siempre al contexto que le dio origen en primer lugar y el contexto es siempre amplio y complejo. Cuando uno le envía un mensaje a alguien, el contexto difiere dependiendo de la persona a quien se lo envíe, de lo que quiere decirle, de cuándo lo envíe y otros variables.

Hay tanto contexto que nunca lo podrías explicar en su totalidad, pero afortunadamente, no tienes que hacerlo. Eso es una de las virtudes de las categorías de información. Si se trata de un *e-mail* al jefe, vas a tener un contexto distinto a los comentarios que se hagan sobre su ejecución.

En los últimos años y*outube.com* ha publicado más y más nuevas versiones de un video que se hizo rápidamente muy popular cuando apareció por primera vez en 2006. Se titula, "*Did You Know?*" ("¿Sabías...?"), creado por Karl Fisch y Scott McLeod (el fondo musical es de Fatboy Slim), que describe lo que llaman el crecimiento *exponencial* de todo lo que es digital. Por ejemplo, "...did you know...?" nos dice que "vivimos en tiempos exponenciales" y por lo tanto, ("**Did You Know? Shift Happens, 2014 Remix**):

- En *google.com* hay 5.9 mil millones de investigaciones (*searches*) cada día;

- Cada día, el número total de mensajes de texto (*text message*) enviados y recibidos son el doble del número de la población en todo el planeta;

- Le tomó 38 años a la radio para que se divulgara a un mercado de 50 millones de personas, mientras que el juego *Angry Birds* logró ese mismo número de participantes en 35 *días*;

- Se calcula que se generarán 4 *Exabytes* (es decir, un 4 con 19 ceros) de información tan solo en este año;

- La cantidad de nueva información técnica que se genera, se duplica cada dos años;

- El 90 por ciento de los datos que existen en el mundo han sido generados en los últimos dos años.

Hay un dato estadístico que nos provoca risa cada vez que lo vemos en este video: "*Predictions are that by 2049, a computer will exceed the computational capabilities of the entire human species.*" ("Las predicciones son que para el año 2049, una computadora excederá la capacidad de computar de toda la especie humana.")

Nos provoca risa porque la computación *(computation)* es una capacidad humana mínima y que no tiene relevancia para nosotros. Es precisamente para eso que tenemos computadoras—para que *computen*. En estas estadísticas, no se trata nunca de la consciencia humana; se supone sólo que existe la consciencia (cotidiana). Y definitivamente no se trata nunca de la única característica que nos da vida: *el deseo*. La tecnología nos informa sobre un número infinito de temas pero no sabe absolutamente nada sobre el deseo.

¡Tú consciencia no hace lo que tú crees!

Es importante entender las limitaciones de la mente consciente cotidiana porque eso te impresionará más y más de la importancia de aprender a usar la mente *no*-consciente. Te ha estado esperando.

La mente consciente—con la que le prestas atención a lo que lees actualmente—tiene dos funciones primarias; una de ellas nos engaña, tratando de convencernos de que puede ver y entender la totalidad de la realidad. No es así. La analogía que usamos para esto que la mente consciente (cotidiana) es como mirar a través de un agujero a la sala próxima y hacernos pensar que uno está viendo la sala entera.

La mente *no*-consciente, sin embargo, es como abrir ampliamente y completamente la puerta de la sala—sólo que no podemos estar conscientes, allí, ¡para verlo todo directamente! Tenemos que crear las condiciones mentales para que la mente no-consciente nos revela, mediante su propio lenguaje, el sentir, lo que hay allí.

Como lo solía describirlo Julian Jaynes, autor de un libro sobre la consciencia que mencionaremos con más detalle dentro de poco, la mente consciente cotidiana es como usar una linterna para poder ver, dentro de una sala sin luz. Uno no puede ver lo que no está iluminado por la linterna, que incluye la mayor parte de lo que hay allí, pero el mero hecho de que no se puede ver (es decir, que no puede ser consciente de ello), no quiere decir que no está allí.

La mente no-consciente sí capta millones de *bits* (la unidad más pequeña posible en determinada situación) cada segundo. Sin embargo, nuestro consciente cotidiano tiene que manifestarse de alguna forma porque sí tiene un papel importante que lleva a cabo muy bien. Es decir, tiene un solo papel (decimos que es al segundo papel porque el otro, el de engañar, es en realidad sólo una consecuencia, no una intención debido a su anchura de banda (*bandwidth*) minúscula. La mente consciente cotidiana contesta la pregunta más importante para nuestros proyectos—y de hecho, la que es la más importante para nuestras vidas: ***¿qué quieres?*** <u>No hay nada más importante que esa contestación.</u> Se trata de quién eres.

Hay otras funciones que nos gusta creer que lleva a cabo la consciencia cotidiana, pero mediante la experimentación, hemos descubierto que no es el caso.

El ya difunto Julian Jaynes de la Universidad de Princeton escribió un capítulo genial sobre las limitaciones de la consciencia humana, en su libro fundamental (que ha sido llamado una de las obras más importantes del siglo XX), *"The Origins of Consciousness in the Breakdown of the Bicameral Mind"* ("Los orígenes de la consciencia en la descompostura de la mente bicameral" 1976).

En la forma memorable en la que él lo explica, Jaynes dice que "Nuestra consciencia [cotidiana] forma una parte mucho más pequeña de nuestras vidas mentales que de lo que somos conscientes, porque no podemos ser conscientes de lo que no somos conscientes." El demostró, con ejemplo tras ejemplo, que la consciencia no es necesaria para crear o para entender los conceptos; la consciencia no es necesaria para el aprendizaje; la consciencia no es necesaria para poder pensar; la consciencia no es necesaria para poder razonar.

Citamos a continuación, más sobre el tema de lo que *no* hace la mente consciente, para luego poder entender lo que la mente *no*-consciente *sí hace*, por la importancia que eso tiene para el Genio:

> "Llegamos a la conclusión de que la mente consciente [el término que usa Jaynes para referirse a *waking consciousness*] no es lo que generalmente pensamos. No se puede confundir con la reactividad. No tiene nada que ver con una gran cantidad de fenómenos de la percepción. No tiene nada que ver con la ejecución de destrezas y frecuentemente las hace más difíciles. No tiene que participar en el hablar, en la escritura, en el escuchar, o en la lectura. . . No es necesario para hacer juicios o para los pensamientos simples. No es la sede del razonamiento y de hecho, algunas de las instancias más difíciles del razonamiento creativo proceden sin la participación de la mente consciente. Y no tiene lugar alguno ¡excepto uno imaginario! . . .
>
> "Aquí es necesario concluir que la mente consciente, no hace gran diferencia en un gran número de nuestras actividades." (Jaynes, p. 46 – 47).

Obviamente, si la mente consciente (cotidiana) *no* está llevando a cabo estas funciones, entonces es la mente no-consciente que sí las está llevando a cabo.

Estas observaciones se presentan también en el libro de Tors Norretranders, *"The User Illusion, Cutting Consciousness Down to Size"* ("La ilusión del usario, Reduciendo la consciencia a su tamaño debido"); la página 153:

> "La posibilidad de que haya mentiras es uno de los costos de la consciencia. Conscientemente, uno puede mentir; no-conscientemente (o inconscientemente), uno no puede mentir. El aparato detector de mentiras, como ejemplo, es comprobación de esto. Karl Steinbuch, de la Escuela Técnica de Karlsruhe, escribe en su libro, "Automated Man" ("El hombre automatizado") de 1965: 'La posibilidad de mentir surge precisamente por el bajo contenido informativo del contexto de la mente consciente...'"

La decepción es parte de la naturaleza de la consciencia; no es cuestión de malicia o de mala fe de ningún tipo. Es sólo cuestión de que por un momento lo ves y por otro ya no está. Es más, los magos dependen de estas ilusiones para engañar a la gente para que piense que ha sucedido algo que es imposible.

La razón de la decepción, es que sin ella, ¡no existiría la mente consciente! La mente consciente es tenue, transitoria y tentativa. La decepción nos hace pensar, a lo contrario, que es estable, duradero y confiable. Hemos decidido creer tanto en esa ilusión, que ignoramos la parte de la mente que es la que verdaderamente está llevando a cabo todo el trabajo.

Experimento 1: Cuando vayas a un bar...

Lo siguiente es un experimento que puedes llevar a cabo fácilmente, para experimentar los efectos y las limitaciones de la habilidad de tú mente consciente para enfocar, como también su muy estrecha anchura de banda de la percepción.

En un restaurante o bar donde haya mucha gente, escucha las conversaciones que están a tú alrededor. Probablemente hay mucho ruido; eso es necesario para esta pequeña prueba. Sin que ellos se enteren, escoge a dos personas que estén hablando cerca y a quienes tú puedas escuchar fácilmente sin estorbarlos.

Primero, escucha todo el ruido que puedas, que se hace dentro y fuera del restaurante. Escucha, por ejemplo, el sistema de ventilación, el de las muchas conversaciones, del movimiento de sillas, de los cubiertos y vasos; los sonidos desde afuera, del tránsito y demás. Mueve tú atención mental (al enfocar), de un sonido a otro. Esto es relativamente fácil.

Luego, escucha con gran concentración los sonidos de la conversación de las dos personas a quienes has decidido escuchar. Escucha su pronunciación y los acentos de su hablar. Trata de entender lo que dicen, cuál sería el contexto y en general, concéntrate en esa conversación (escuchándola) todo lo que puedas. Luego, después de algunos minutos, deja de escucharlos y vuelve a oír los ruidos de la sala en su totalidad.

Si has escuchado con bastante concentración a la conversación de las personas en las que te concentrabas, descubrirás que el instante en que dejaste de escucharlos y mudaste su atención al resto de la sala, por un momento muy breve—¡brevísimo!—te darás cuenta que el resto de la sala se había silenciado completamente. De hecho, tú *nos podía escuchar* al resto de la sala mientras te enfocabas en la conversación—pero esa percepción tan sólo durará por un instante.

Eso se debe a las limitaciones de la anchura de banda (*bandwidth*) —la capacidad de percepción—de la mente consciente. Nos podemos escuchar a la vez, a los detalles de la conversación por una parte *y* al resto del restaurante, por otra. Cuando tú vuelves a darte cuenta del resto de la sala, en ese momento es cuando, por un instante, tú te das cuenta de ese silencio y entonces, rápidamente, todos los demás sonidos entran alborotosamente, pero en ese alboroto tú perderás la mayor parte de los sonidos de la conversación entre las dos personas que escuchabas. Le toma a la mente consciente una fracción de segundo para mudar la atención.

Esto lo comparamos visualmente a mirar un cuarto por un agujero. La mente consciente no te va a aclarar al hecho de que sólo estás mirando por un agujerito; te va a permitir pensar que tú estás viendo la totalidad del cuarto. Tiene que hacerlo. Si te demostrara la realidad entera, que la mente *no*-consciente *sí* capta, entonces no habría en absoluto, posibilidad de tener una mente consciente—ni, al menos en cuanto a la percepción, tampoco habría necesidad de ella. Pero la mente consciente sí tiene su función—que no puede llevar a cabo la mente no-consciente, la habilidad para enfocar. Sin la habilidad para enfocar, no hay mente consciente.

Alguien te podría preguntar, ¿pudiste tú escuchar los sonidos del resto del restaurante, mientras escuchabas la conversación de la pareja? Tú probablemente contestarías que "sí," pero sólo porque sabes que si cambias la atención (el enfoque) de la conversación al resto de la sala del restaurante, *sí podrías escucharlo*, aunque mientras te concentrabas en la conversación, *no lo podrías hacer*.

Nos parece sorprendente que hoy día, las conversaciones y recomendaciones sobre la resolución de problemas y sobre la innovación ignoran por completo el hecho más fundamental, más comprobado sobre la vida mental humana y que intentan, a pesar de la ciencia y de los hechos contrarios, hacerle creer ¡que la consciencia puede innovar o resolver problemas!

Las decepciones de la consciencia son gracias al hecho de hacernos creer que hace más que lo que puede. Otro ejemplo más breve: los ojos tienen un lugar en su interior que es ciego, pero en la vida diaria ni cuenta nos damos de esa pequeña ceguera. Como sucede con muchos fenómenos, la consciencia se asegura de que la percepción que tenemos no tiene interrupción alguna y que estamos viendo la totalidad, sin interrupción. Tú puedes experimentar esa ceguera, mirando las siguientes dos letras (A y B) y moviendo tú atención a sólo una de ellas, mientras te acercas la página:

A

                        B

Mientras te acercas más y más a la página, llega un momento en el que la letra que estás mirando "se desaparece." Está justamente en el lugar del ojo que es un lugar ciego, del que tú nunca eres consciente normalmente.

Las limitaciones de la mente consciente son el recurso más importante de los magos. Por ejemplo, tú seguramente recuerdas que se te ha dicho que la mano se mueve más rápido que la vista, cuando el mago produce un objeto que tú creías que no estaba allí.

Poder enfocar es una capacidad maravillosa. La mayoría de eso es lo que llaman los psicólogos "desórdenes mentales" tienen mucho que ver con la atención y el enfoque, como por ejemplo el déficit de atención hiperactivo (*Attention Deficit Hyperactive Disorder, ADHD*), el desorden de compulsividad obsesiva (*Obsessive-Compulsive Disorder, OCD*), la adicción y la depresión.

Todos estos en realidad, a nuestro parecer, no son "desórdenes mentales" y los estudios de la neurología del cerebro, poco a poco, se están dando cuenta de esto también. Vea como ejemplo, el libro de Marc Lewis titulado, "Why Addiction Is Not A Disease," de 2015, que citamos más adelante. Predecimos que en el futuro, las investigaciones neurológicas van a declarar que muchos de estos supuestos "desórdenes" que tienen que ver con la atención, a fin de cuentas no son desórdenes en absoluto, sino preferencias que tienen nuestras mentes para tratar una variedad de situaciones en las que no son apropiados o útiles. Con experiencias repetidas, esas preferencias se pueden fijar de manera que se movilizan ("*hard-wired*") debido a la plasticidad del cerebro. Lewis mismo menciona conclusiones parecidas.

Un poco de la historia del pensamiento lineal y cómo surgió

La linealidad es central para la **Época Industrial**, que es la época de la historia humana en la que pasamos de ser sociedades principalmente agrarias, a ser sociedades de la manufactura. La manufactura crea productos usando líneas de ensamblaje, que son lineales en forma física, material, compuestas de una serie de fragmentos. Las líneas de ensamblaje con los padres de la dirección de proyectos, que también se componen de fragmentos en secuencia. Su objetivo es crear mercancía (*commodities*), es decir, duplicados, igualdades, eliminando las variaciones y las diferencias. Hoy día esas variaciones, cuando no son deliberadas, se consideran errores de producción y problemas de calidad.

La linealidad está al centro de la **Época de la Información** que es una parte de la **Época Industrial**; no es una era radicalmente diferente, como piensan muchos. Ambas están definidas por el mismo tipo de pensamiento, la misma forma de utilizar la conciencia y los mismos valores. La "industria" hoy día está de forma digital, que hace que muchas cosas sean más fáciles y más rápidas.

Cuando la información se hace mercancía—contrario, por ejemplo, a la información biológica del cuerpo—tiene también tres características importantes, como señala Luciano Floridi en su excelente resumen, ***"Information, A Very Short Introduction"*** ("La información, Una introducción muy breve", 2011; p. 90):

1. "Primero, no tiene rivales" (*It is non-rivalrous*). Es decir, que una persona lo tenga no quiere decir que los demás no lo puedan tener también.

2. "Se acepta como suposición que no se cuestiona, que la información de por sí *no excluye*," es decir, que la información se puede revelar y compartir.

3. "El costo de reproducirla es, por lo general, despreciable."

La Época Industrial usó maquinaria hecha de metal y de madera para crear líneas de ensamblaje; La Época de la Información coloca la línea de ensamblaje dentro de la mente de las personas, como "proyectos." ***Los proyectos son las líneas de ensamblaje de la Época de la Información.***

La **línea de ensamblaje** y su progenie en nuestra época, el **plan de proyecto**, son ambos manifestaciones del pensamiento lineal y en sus procesos de pensamiento y en su concepción, son básicamente lo mismo, sólo que las líneas de ensamblaje son pesadas y no cambian mucho, mientras que los proyectos pueden fácilmente cambiar muchas veces. Ambos consisten en **fragmentos** que se ordenan en la **secuencia** necesaria, diseñados para crear valor. Estos fragmentos se componen de datos, en formación (*data, in formation*).

La mercancía representa la habilidad para crear copias exactas, reproducibles de un producto. Es la razón de ser de la Época Industrial, el porqué de la industrialización. En la Época de la Información, sin embargo, la mercancía como valor ni se cuestiona ya; esta es una de las razones por la negación de los conocimientos en las personas—conocimientos que no se pueden volver mercancía, al contrario de la información, que es mercancía desde su creación.

La máquina de imprimir de Gutenberg no sólo fue la primera línea de ensamblaje, con su tipografía infinitamente movible, que permitía cambiar la mercancía fácilmente, fue también el primer **medio masivo** (*mass media*) y el primer **medio masivo social** (*mass social medium*). También creó la primera **mercancía de información** (*information commodity*), la Biblia de Gutenberg.

A nadie más se le ocurre que Johannes Gutenberg (1398 a 1468) fue el autor de la Época de la Información porque nuestros valores lineales nos hacen creer que el progreso sólo se produce en un orden en secuencia. Lo que viene *más tarde* se supone que sea automáticamente superior a lo que se produjo *anteriormente*; ¡lo *nuevo y mejorado* es lo que buscamos! Según esa forma de pensar, lo que surgió en el pasado no ofrece nada que nos podría ser nuevo y útil.

Si miramos la historia de la civilización de occidente, la entenderíamos de forma muy distinta a como la concebimos ahora, desde la perspectiva de *cómo pensamos* y de *cómo se desarrolla nuestra consciencia*. La Revolución Francesa es un ejemplo. Fue un periodo histórico de gran malestar social, en gran medida como producto del uso expandido y más experto de la linealidad, que generó, como ya hemos señalado, una explosion de los medios.

Nos dio conceptos enteramente nuevos que cambiaron nuestra perspectiva sobre nosotros y sobre nuestra sociedad. Por ejemplo, Marshall McLuhan señaló en "***The Gutenberg Galaxy***" ("La galaxia de Gutenberg," 1962) que el concepto de nacionalismo no existió antes de que se produjera el alfabetismo. No había entidades nacionales y territoriales, sólo colecciones de reinados, de ducados, de principados y de territorios y demás. Fue sólo cuando grupos de personas comenzaron a aprenderse una nueva identidad que surgió el nacionalismo. Hoy, los medios con frecuencia buscan manipular y cambiar la identidad de la gente.

Cómo la Inquisición Católica (sin saberlo) apoyó la creación del pensamiento lineal

Hay que entender que el lenguaje del *sentir*, que es el idioma de la mente no-consciente, ha sido por siglos despreciado rigorosamente por filósofos y por científicos, aunque se trata de una función humana tan básica como la respiración, que no se puede evitar. Pero sí se le puede menospreciar como si fuera algo inútil o al menos creer, que es una distracción.

Gran parte de la historia que acabó con el reconocimiento como tema para la investigación sucedió históricamente de formas inesperadas a través de los siglos. La intención de causar terror, que llevó a cabo la Oficina de la Inquisición de la Iglesia Católica del siglo12 al 19, fue dirigido al comportamiento de heréticos Católicos que ejercían sus propias ideas sobre la ciencia, la historia y la realidad material. La intención que tenía la Inquisición fue, en sus propias palabras, la de causarle terror a las congregaciones Católicas mismas, cuyos miembros tuvieran la tentación de perseguir esas ideas. En cierto sentido fue, por admisión propia, la primera organización terrorista. (Aunque hoy día no lo entendamos de esa forma, las organizaciones fundamentalistas y terroristas buscan controlar sus poblaciones de fieles y no se preocupan tanto por las personas que son externas a la organización.)

La reacción histórica que esto causó fue enorme y de larga duración. Produjo (como reacción), un anti-clericalismo contra la Iglesia que sirvió para motivar la investigación y redacción de filosofías y ciencias que, enfocándose en la lógica, el razonamiento y la linealidad, intentarían destruir la convicciones de la Iglesia en lo sobrenatural y buscaba controlar el pensamiento y el comportamiento con la emoción de miedo.

Todos conocemos el caso de Galileo, pero todo pensador científico de estas épocas podía encontrarse sometido a penalidades severas. El "*Index Librorum Prohibitorum*" ("Índice de Libros Prohibidos") era la lista de libros que prohibía la Iglesia; no fue abolida hasta el año 1966.

Johannes Kepler, Immanuel Kant, Dante Alighieri, René Descartes, Jean-Jacques Rousseau, Galileo Galilei, Johannes Scotus, Nicolas Copernicus, Maimonides, Baruch Spinoza... todos y sus obras, contenido allí; tan recientemente como el año 1948, la lista contenía cientos de títulos y de autores. Las biografías de gran número de pensadores y científicos están llenas de la articulación del miedo que tenían y de las medidas que tomaron para evitar la confrontación con la Inquisición y que pusieran sus obras en el "**Indice.**"

Lo que hicieron fue oponerse a todo pensamiento que fuera imbuido por la superstición, por "una falta de raciocinio," o por el sentir, como algo no científico, no lógico y algo que no podían aceptar los intelectuales inteligentes. Este anti-clericalismo dio lugar a muchos movimientos, como la ***Cult de la Raison*** en Francia, pero su principal efecto fue el de eliminar todo pensamiento "irracional" que no tuviera como base el materialismo y la linealidad. Esto persiste hoy día en la cultura de occidente, a pesar de que sus conceptos básicos han sido desaprobados.

De esta forma la reacción poderosa, unida e histórica ante los esfuerzos de la Iglesia de controlar los pensamientos y las publicaciones, generaron otro esfuerzo contrario que resultó aún más poderoso, atacando todo lo que se entendiera como pensamiento o sentimiento irracional.

Irónicamente, la tecnología ha creado nuevos instrumentos que han revolucionado el estudio del cerebro y su funcionamiento. Estos estudios demuestran insistentemente que el sentir y la emoción no son secundarios, no son distracciones, no son desbalances químicos, sino que van a lo más central del funcionamiento normal del cerebro humano. Ese es el tema de nuestra próxima parte, el lenguaje de la mente no-consciente, que es el *sentir* y cómo lo utilizan los Genios.

2

La no-linealidad, el idioma del Genio

Las palabras te pueden dar información, pero sólo el sentir te puede dar conocimientos

¿Exactamente qué es la no linealidad?

La no linealidad es *sentir*, una habilidad y característica natural humana que tratamos como si no existiera o como si no fuera importante. Sin embargo, es una de las más humanas de nuestras características; está en lo más central del Genio. El sentir es la única *no*-linealidad que podemos llegar a conocer.

Los Genios tienen la habilidad para usar un idioma completamente distinto al de la linealidad. Ellos no sólo lo entienden sino que saben evocarlo. **El sentir humano es conocimiento humano.** No lo encontrarás en los ordenadores o en sus archivos (ya caducos) de "*knowledge management.*"

El idioma del Genio no tiene palabras porque es masivo; las palabras limitan demasiado. Es la única comunicación *no*-lineal que es posible en el cuerpo humano. Todos los demás idiomas que usamos—el código, las matemáticas, los idiomas naturales—son lineales, es decir, son compuestos de fragmentos que se ordenan en una secuencia. El sentir no tiene fragmentos y por lo tanto, no usa secuencias.

El sentir te ofrece la totalidad del asunto y no requiere explicación sobre de qué trata. Cuando uno siente algo, ¿tienes entonces que esperar a que se complete el sentimiento, como la lectura hasta el final de una oración? ¿Tienes que juntar las partes? ¿Hay que hacer algún ensamblaje? ¿Necesitas que alguien te explique cómo te sientes? Claro que no. El sentir es demasiado íntimo para que tú *no* lo sepas. **Sentir es saber.**

La no-linealidad te ofrece cantidades vastas de conocimientos, en contraste con la secuencia de pequeñitos chorros de fragmentos de información que te ofrece la linealidad, que son principalmente triviales. No pensamos que la información sea así, porque hemos aprendido de otra forma. Pensamos que los sentimientos son lo trivial—insignificantes, accidentales, o reacciones químicas espontáneas que no se pueden entender. Pensamos que la información—que es siempre incompleta y generalmente sin importancia—como si de alguna manera fuera algo vitalmente importante.

Los sentimientos son la manifestación de una identidad que cada persona ha ido construyendo, sin saberlo, toda la vida. Su mente no-consciente ha ido llevando cuenta. **El sentir se basa en conocimientos de quién tú eres realmente—y a qué identidad estás aspirando.** Dime quién quieres ser, dime lo que quieres y te diré quién eres. Uno no se puede imaginar cuánto conocimiento ha generado un adulto ya en su propia vida.

Primero, aprecia el sentir y entiende que se trata de conocimientos que te ofrecen gran valor. Ninguna otra persona puede realmente *saber* lo que tú sabes. **El sentir es *información corpórea o incorporada*** (*embodied knowledge*; información hecha cuerpo físico), por lo mismo que llamamos al cerebro, un cerebro corpóreo o incorporado (*the embodied brain*). Es información que nadie te podría ofrecer en un libro de sugerencias (*self-help*).

El conocimiento humano es la información corpórea de un ser humano, tan complejo y vasto que tiene que presentarse en un *sentir* en lugar de en palabras.

Nadie puede saber jamás cómo se siente otra persona. Eso es lo contrario a la linealidad, que representa cosas iguales, la mercancía, la conformidad…

Cada persona es fundamentalmente diferente a todos los demás. Nadie en el mundo puede jamás *saber* lo que ha experimentado otra persona—ni mucho menos, aunque parezca (la linealidad) que otra persona ha tenido experiencias "similares." Nadie, en toda la historia del universo, ha vivido lo que ha vivido otra persona. Todas las experiencias de la crianza son distintas, como también lo son los diferentes aspectos de las personas que conocen y la comunicación con los que lo criaron y las experiencias tanto las experiencias conocidas como las que no. Nadie nunca está en la misma situación que otro. Esta diversidad infinita de experiencias y de sabiduría es lo que hace posible el Genio.

En esta sección explicaremos lo que es la no-linealidad y el vocabulario que usamos para describirla. Te en cuenta cuando lees nuestra explicación que intentamos describir algo es *no*-lineal con un medio (el libro) lineal. Por eso, intentaremos que el lector *sienta* el nivel de comunicación del que hablamos, particularmente cuando tratemos **el estado primario del sentir** (*"the primary feeling state"*), que es la experiencia más importante de todas.

¿Sabías tú siquiera que hay una forma de pensar distinta a la linealidad que te hayan enseñado? Tú no eres la única persona que no se había dado cuenta de esto. Por un número de razones históricas, las sociedades han evitado, de manera diestra y convincente, entender que sí hay formas de pensar que son *no*-lineales. Eso hace que nuestra civilización tecnológica, que suponemos es avanzada, parezca, sin embargo, no tan avanzada como habíamos pensado. Los sacrificios más grandes que sufrimos gracias a la linealidad son la innovación y la solución de problemas.

En las investigaciones minuciosas que llevaron a cabo para su libro, ***"The First Idea, How Symbols, Language and Intelligence Evolved From Our Primate Ancestors*** *to Modern Humans,"* 2004 ("**La primera idea, Cómo los símbolos, el lenguaje y la inteligencia evolucionaron desde nuestros antepasados primates a los humanos modernos,**" en el que los doctores Greenspan y Shanker aclaran que la clave está en el sentir y en la emoción (de la p. 101):

> ...no hay algoritmo, ni programa de ordenador, ni mecanismo biológico científicamente convalidado, para explicar el pensamiento simbólico y reflexivo humano. El problema, sin embargo, no es porque la tecnología no haya evolucionado lo suficiente como para contestar la antigua pregunta de cómo desarrollamos nuestras destrezas para poder reflexionar en niveles más altos. **El problema es que por más de cuatro cientos años, el pensar de Occidente ha apoyado una hipótesis que, al presente, no sólo no tiene ningunos datos científicos que lo apoyen, sino que no es consistente con ningún mecanismo biológico físico que se conozca.**
> . . . **No importa cuánto potencial pueda tener su cerebro, a menos que un niño viva un tipo específico de experiencias interactivas y afectivas, que incluyan la transformación sucesiva de su experiencia emocional y que son el resultado de prácticas que forman el centro mismo de nuestra historia evolucionaria, ese potencial no se realizará en el sentido tradicional.** (Letra negrita es de los autores.)

Hemos intentado desesperadamente de compensar por las limitaciones de nuestro pensamiento. En la Época de la Información hemos visto intentos repetidos—escritos con frases bonitas, sin duda—para hacer que innovaciones únicas o soluciones excepcionales de alguna manera se aparezcan mágicamente, de mercancía común, de procesos gastados, de ideas caducas o de maquinaciones inútiles. Nunca sucederá pero la gente continúa tratándolo porque simplemente no se dan cuenta de que hay otra forma de pensar y de producir.

Las corporaciones y los consultores hablan de sus "líneas de ensamblaje" de innovaciones, como si tal cosa pudiera funcionar y sobre sus análisis de problemas como si pudieran producir algo. "Siéntate a esperarlo." Uno no puede entrar en un proceso trillado, gastado, repetido—vestido de toda clase de palabrería que suene oficial y corporativa, sin duda—y salir de ello con un resultado espectacular—nunca.

En "**The Gutenberg Galaxy,**" Marshall McLuhan, quien por décadas estudió y escribió sobre los efectos del alfabetismo y de la linealidad, comentó sobre esto mismo— sobre cómo **"el análisis linear y fragmentado"** tiene **"un poder implacable para crear la homogenización."** No hay manera de escapársele. *No importa lo que hagas, vas a producir una basura compuesta de cosas iguales.*" En español decimos, "Aunque la mona se vista de seda, mona se queda." La linealidad produce cosas iguales—la homogenización y mercancía—y sólo eso.

A nuestro parecer, esto se debe a dos cosas. Primero, puede que sea porque trabajan tan duro y por tanto tiempo—el mito del "*hard work*" es el mito que nunca morirá—que finalmente, después de muchos años y cientos de intentos, se produce accidentalmente alguna pequeña indicación de lo que buscan, pero que está completamente fuera de su percepción. Si no, en segundo lugar, simplemente se rinden, dejan de intentarlo y hacen uso de gimnasia de lingüística y de nomenclatura para ocultar su fracaso. Porque *en cuanto a la innovación, hay fracasos dondequiera*. Mira y lo verás. Basta con que fracasen los proyectos; ¡mejor ni intenten la innovación!

Por eso, tenemos que aclarar algo fundamental desde el principio de esta sección: LA INNOVACION ES FACIL. LA RESOLUCION DE PROBLEMAS ES FACIL. Con la excepción de que no los encontrarás si los vas buscando en el basurero y en ambos casos, la mente consciente es el basurero.

¿Lo podríamos decir de forma más clara? Hasta que no haya una interacción con sentido entre la consciencia (linealidad) y la mente no-consciente (la no-linealidad), tú no progresarás. Como hacen algunos, tú puedes fingir tener algo valioso cuando no es así. La innovación es realmente fácil. Puede que ofenda la necesidad de controlar las cosas; la necesidad de tener causas y efectos inmediatos; el gusto de ser el "que más manda" que no permite que la gente descanse. Posiblemente si se cansaran y se resignaran al fracaso y a perder, podría entonces ocurrírseles que ¡debe haber otra forma de hacer las cosas!

O quizás la gente simplemente no entiende que **las innovaciones y las soluciones excepcionales ocupan tanto de la anchura de banda mental, que las ideas nuevas no se pueden expresar o producir o comunicar en el chorrito, gota-por-gota que estrangula y que llamamos la consciencia.** Es para esto que tenemos la mente *no*-consciente—el inconsciente subconsciente. Nuestra mente consciente ¡ni siquiera puede captar más de una conversación a la vez!

Este capítulo es lo contrario del anterior en el que la igualdad, la duplicación, la mercantilización y la "normalidad" se aclararon como conceptos que devienen de la fragmentación y de las secuencias. Apártate un poco.

Mírala con una visión de largo plazo. En ese cuadro, vivimos en un universo sin fin, con posibilidades infinitamente diversas. ¿Quieres tú soluciones o innovaciones que de alguna manera sean *lo mismo* que algo que ya existe? ¿Crees tú o no, que las infinitas capacidades del universo pueden generar algo que nunca antes existió?

Si no entendemos la infinita diversidad que existe, entonces a pesar de nuestro supuesto adelanto tecnológico, parecemos una cultura primitiva que adora la igualdad como expresión de la seguridad. Hace menos de cien años pero antes de la llegada de Edwin Hubble, pensábamos que la Vía Láctea era la única galaxia que existía en todo el universo. ¡La única! Sin embargo, en enero de 1930, mediante una presentación de los descubrimientos de Hubble, nos dimos cuenta que esos miles de miles de millones de pequeñas estrellas ovaladas que la gente veía con telescopios... resulto que son, cada una, galaxias enteras, únicas, que antes se desconocían como tales. ¿Piensas tú frente a eso, que la innovación que buscas no es posible?

Aclara bien el papel que vas a llevar a cabo

Tu puesto de trabajo como director no es el de hacer "hard work." Tus esfuerzos serán malgastados. Tú responsabilidad es crear la nueva idea específica. Esto le pertenece al papel de la mente no-consciente. Si tú buscas producir de esa forma, causarás desvíos o atrasos en lo que estás haciendo. El reto principal, al pedirle a la mente no-consciente que participe, no es temer que cometa errores. Lo que hay que hacer es dejarle hacer, por su cuenta.

Tú te preguntarás, ¿qué hago, si no puedo competir con la mente no-consciente? Pero es que esa mente no-consciente es precisamente *tú* mente, si te comunicas con el lenguaje del *sentir*.

Primero, vamos a documentar lo principal que sabemos ya de la mente no-consciente y luego le añadiremos detalles.

El Genio consiste en la habilidad de moverse entre la mente consciente y la mente no-consciente, de manera que las dos interactúen. Esa interacción ofrece los conocimientos para lograr lo que quieres.

1. **La no-linealidad es sentir.** Usamos diferentes palabras en diferentes situaciones, pero todas salen del sentir: la intuición, el sentimiento (o pre-sentimiento), la inspiración y la visión interna. El Genio lo detecta y luego lo usa como sea necesario.

2. **Sentir (*feeling*) es la experiencia humana más fundamental.** Todo el mundo siente todo el tiempo. Alguna gente ha insistido en no sentir, perdiendo así mucha sensibilidad para sentir. La falta de sentimiento se debe o a la negación o al uso de sustancias que lo induce.

3. **En estos mismos momentos tú sientes algo.** Puede que sea indiferencia, confusión, interés, aburrimiento, emoción, pero sea lo que sea, estás sintiendo algo ahora mismo. Tú no puedes *no* sentir. Para expandir tú conexión con la mente no-consciente, tienes que enfocarte en sentir.

4. **Sentir es saber.** Sentir no es lineal, como la información. No se forma con fragmentos en secuencia ni es de ningún idioma o matemática o código. Sentir es instantáneo y completo de por sí— es no lineal. Todo le llega a la vez. Tú no tienes que esperar a llegar al final de la oración o fragmento o libro o ecuación u hoja de cálculo.

5. **Sentir es un entero.** Contiene en sí, todo el contexto, al contrario de la linealidad que no puede nunca comunicar todo su contexto y que por eso está siempre incompleto.

6. **Sentir no es mercancía**, como lo es la información. **Es idiosincrático.** Es único, de la persona que tiene el sentimiento. Como no es digital, no se puede reproducir o almacenar de esa forma. Esta es una de las cosas que más difícil se la hace a la gente entender.

7. **El sentir está fundado en la historia de la vida de un individuo particular** y es parte de un idioma dinámico, de experiencias de toda una vida. Toda experiencia está fundada en el sentir.

8. **Sentir es energía.** Las demás fuentes de energía para nuestros cuerpos—la comida, el oxígeno—son tangenciales al sentir. Uno no se siente con hambre si ha perdido la esperanza.

9. La demás gente se opondrá a creer que sentir es saber, o que sentir es conocer. **La cultura de occidente ha denigrado**, negado, disminuido y despedido al sentir, consistentemente y continuamente, a través de más de mil años.

10. **Todo pensamiento supuestamente "racional" tiene, sin embargo, su fundamento en el sentir.** La denigración del sentir es en parte porque creemos que el raciocinio (como por ejemplo la lógica, la lucidez, etc.) no contiene sentimiento, lo cual la tecnología moderna ha demostrado es pura invención. El cerebro no puede hacer decisiones "racionales" *sin* el sentir.

11. Como no lo entienden y sobre todo, como no saben usarlo, **mucha gente le tiene temor a sentir lo que sea**—aunque no lo pueden evitar—porque piensan que sentir, sobre todo sentir cualquier cosa con energía, está fuera de su control, lo cual no es cierto.

12. **Para tomar control del sentir y para usarlo deliberadamente, se requiere una cierta dedicación y disciplina, más aceptar ciertas ideas**, algo que aprenden a hacer los Genios, o bien porque tuvieron una persona que les sirvió de modelo, o porque lo intuyeron, o por alguna otra razón.

Ahora examinemos lo anterior con más detalle.

1. **La no-linealidad es sentir.** ¿Cómo podemos saber que sentir *no es lineal*? Sentir no tiene fragmentos. Un sentimiento no tiene partes; los sentimientos forman un entero de por sí. Como no hay partes, los sentimientos no tienen secuencias y por lo tanto, no hay que esperar a que se aclare, para entenderlo. No hay otra comunicación que podamos experimentar como seres humanos que ya sea completo de esta forma. La linealidad, como sabe, es siempre incompleta. Por eso es que la información (*information*) es siempre incompleta, mientras que conocer es siempre un entero.

2. **Sentir (*feeling*) es la experiencia humana más fundamental.** Finalmente, hoy día, las investigaciones científicas lo están comenzando a reconocer. Toma tiempo rectificar una falta de hace siglos…

3. **En estos mismos momentos tú sientes algo.** Lo quieras o no, el sentir tiene un propósito biológico:

es el fundamento de la evolución. Toda entidad, sea insecto, mamífero, o sea lo que sea, siente. El sentir permite la evolución, porque permite que el organismo distinga entre lo que le gusta y lo que no; lo que quiere y lo que no; las direcciones que quiere tomar y las que no; lo que le hace falta y lo que no...

4. **Sentir es saber.** Cuando tú sientes algo con fuerza, ¿puede convencerte alguien de que tú *no* lo sientes? Cuando tú reconoces que algo es cierto, tú lo SABES. Es innegable. Sentir lo que uno sabe no es información; no es trivial; no son datos en formación. Lo tú sientes, *lo sabes*. Lo que describió Thomas Kuhn, en su libro sobre "***The Structure of Scientific Revolutions***" *(La estructura de las revoluciones científicas")* de lo que él llamó "la ciencia normal" es algo que se adhiere rígidamente a lo que *ya sabemos* y quiere que tú hagas igual. Hay instituciones científicas que quieren definir lo que es permitido saber y ellos lo determinarán.

En la evolución del conocimiento en las sociedades humanas de hoy, eso es un punto de vista primitivo, que tiene como fundamento el deseo de controlar a la gente. Eso es algo irónico, porque en las sociedades primitivas, es la consciencia cotidiana la que recibe poca atención, mientras que se reconoce a la mente no-consciente, como si fuera un dios , una entidad espiritual, o alguna fuerza mayor.

Esto se justifica en cierta forma, en esta era, que se enfoca en crear mercancía y en "arreglar las anormalidades." Es difícil que escapemos esa avalancha: se nos pide que seamos iguales a todos los demás y eso incluye lo que podemos y no podemos saber.

Pero los valores de la información acaban aquí. Los seres humanos somos implacablemente idiosincráticos; nos distinguimos en formas que ni sabemos, porque continuamos a enfocarnos en la igualdad y no en las diferencias. Sin embargo, la Época de la Información nos ha generado un gran deseo por la innovación.

No es posible tener las dos cosas: por una parte, negar el valor de la idiosincrasia, **el derecho que tiene gente de saber,** todo lo que ellos pueden *saber* cómo individuos y como resultado de sus experiencias; y por otra parte, frente a esa realidad, pedir innovaciones.

Este es el misterio más grande de la Época de la Información: **la idiosincrasia individual y la innovación**, versus **la mercantilización y la conformidad.**

El hecho de que *el sentir sea saber* no significa que los demás tengan que ver con lo que tú sabes. Es sólo nuestra necesidad de controlar a los demás que pide que controlemos lo que piensa la gente y que exige que el saber sea una mercancía. Toda la insistencia en el llamado "*knowledge management*," siendo digital, tiene como fundamento natural hacerse mercancía conformista.

Lo que tú sabes es tuyo íntimamente y lo produces tú—con la mente no-consciente, que es la fuente verdadera de la innovación (ideas nuevas que son justo las necesarias y que te sirven a ti y a tú situación ahora mismo). Los conocimientos son, o una mercancía que le queda igual a todos ("*one-size-fits-all*")—en cuyo caso es realmente información y no conocimientos, o se trata de algo puramente y entrañablemente idiosincrático. No puede ser a la vez las dos cosas sin crear una contradicción.

5. **El sentir es un entero.** Esto quiere decir que el sentir surge de profundidades de *tú experiencia,* de lo que tú sientes y que tú siempre entiendes. No hay que buscar en *Goolge.com* para saber si es un sentimiento positivo o negativo. Ya tú sabes lo que es. Si tienes duda, verifica con tú propio interior para saber— ¿te gusta o no te gusta? Si te has planteado una pregunta quizás tengas que esperar un corto periodo de gestación para que te surja una contestación o una idea o una solución, pero cuando lo recibas, viene primero siempre como un sentimiento—como intuición o inspiración—y en ese momento, es innegable y no requiere explicaciones. Cuando parece sentirse correcto, usualmente lo es.

6. **¿Qué significa que el sentir no sea una mercancía?** Bueno, para comenzar el sentir no se puede copiar directamente, distribuir o guardar en un ordenador. El sentir no es digital y lineal y no es estático. La información es siempre estática. La información se queda igual, sin precisión e incompleta donde tú la dejaste, hasta que tú vuelvas y le añadas o le restes o le edites datos. Mientras tanto, no hay nada que crezca allí por su cuenta; no hay nada que se le desarrolla; no hay nada en absoluto que lo haga expandir. Pero que nada.

El saber como sentimiento es dinámico *por su cuenta*, porque la mente no-consciente lo está tratando. Cuando tú vuelves al sentimiento que dejaste y lo sostienes, se expande y se hace más grande, más nuevo y con más sentido. Es por eso que uno persigue al sentimiento. Es así como los Genios crean sus grandes ideas. Las persiguen más y más y cobran más y más sentido. Eventualmente, los demás las pueden conocer también, aunque al principio uno no sabe cómo surgirá eso. El sentir es idiosincrático en todo sentido de la palabra.

Esto es difícil de entender, para una cultura que está repleta del valor de la igualdad, de la mercantilización y de lo que es "normal." La diversidad, las diferencias, lo raro, lo desconocido y poco usual, lo anormal, lo que no está de moda, lo inexplicable, lo extraño, los supuestos fracasos, lo indefinible—en eso está el verdadero valor. Si no lo aprecias, no llegarás a ese nivel de conocimiento porque no sabrás reconocerlo cuando se aparezca. Puede que hasta lo desprecies o niegues.

7. **Lo que tú sientes es resultado de las experiencias de tú vida, de las creencias que has desarrollado y de tus aspiraciones** porque la energía que motiva los sentimientos viene del deseo. El deseo es la motivación para todo lo que hacemos y en última instancia—esto es algo que la ciencia ha "olvidado" aunque fue resultado directo de investigaciones y experimentaciones científicas a través de décadas con grupos de control, con documentación, grabaciones y todos los procesos de la ciencia—sabemos científicamente (gracias a la psicología de la motivación social, dirigida por David C. McClellan) que cualquier cosa que quiera alguien, en los más claro y fundamental, radica en *el deseo por un estado de sentimiento, una sensación.* **No importa que lo que quiera, sea ganar la lotería, vivir en una mansión o un aumento de sueldo, tú lo quieres porque tú piensas que al lograrlo, *te sentirás bien* o que al menos, *te sentirás mejor.***

Tu mente no-consciente sabe esto ya con gran detalle. ¿Crees tú que no esté enterado de esto tu mente no-consciente?—la misma mente que, *en estos mismos momentos*, está filtrándole la sangre mediante los riñones, está digiriendo su almuerzo, está controlando sus sistemas hormonales y endocrinales, está usando la sangre para oxigenar tus pulmones, está usando células blancas para defender tú salud—y así, todo de lo cual requiere decisiones inteligentes y miles de millones de ellas en cada momento—¿es posible que esa mente no esté enterada de lo que tú quieres, incluso a la medida que eso cambia y se expande, momento por momento?

Cuando tú mente no-consciente se comunica contigo (consciente) usando el idioma vasto del sentir, se está comunicando instantáneamente usando una complejidad de informaciones y archivos que tú, con la mente consciente, no puedes imaginarte. Somos mucho más grande que lo que pensamos, pero nuestra insistencia en la ilusión de tener un control directo nos mantiene pequeños.

8. **Sentir es energía.** Es fácil reconocer esto y comprobártelo. Examina cuándo sientes más energía en el cuerpo, ¿cuándo estás emocionado con lo que estás haciendo o cuándo estás aburrido, irritado o distraído? ¿Cuándo te sientes feliz o cuándo estás a punto de hacer algo que no quieres? Hay una razón por la cual le decimos a esto último, "estar deprimido."

Si quieres expandir la energía de un grupo, no dependas de la exageración o la teatralidad o la ampulosidad. Sólo pregúntales lo que quieren hacer y dónde pueden encontrar esas experiencias en su propio trabajo. La "participación" (*engagement*) de los grupos que trabajan no depende de sus actividades—eso es poner las cosas al revés—depende de *lo que estén sintiendo*, que puede generar actividades que se expandan. Ese bien sentir es también el estado mental primario que invita la entrada de nuevas ideas.

9. **Hay gente que se niega a creer que sentir es saber,** porque es difícil oponerse a una corriente que lleva más de mil años fluyendo en la cultura de occidente. Afortunadamente para ti, como director de proyectos, ¡los demás no tienen que saber cómo tú puedes lograr lo que logras!

   Los científicos consideran que el sentir es una forma de "mala palabra" y lo denigran como si no meritara la investigación científica. Ahora que tenemos tecnología que puede, con datos, averiguar cómo funciona realmente el cerebro, nos estamos dando cuenta que el sentir, la emoción, es necesario para los procesos cerebrales de alto nivel.

10. **Todo pensamiento supuestamente "racional" tiene, sin embargo, su fundamento en el sentir.** Una fuente indispensable para entender esto es el libro del neurólogo del cerebro, Antonio Damasio, titulado ***"Descartes' Error"*** ("El error de Descartes) que trata precisamente este tema. El sentir como conocimiento es el futuro y viene rápidamente—hemos ignorado lo que tenemos frente a las narices; esto explica demasiados fenómenos que sin ello, antes no se podían explicar. Muchos de los descubrimientos científicos llevan muchos años, particularmente las diferencias en capacidad entre la mente consciente y la mente no-consciente—innegable, fácil de comprobar, pero sin embargo es

algo que se ignora, como si la mente consciente pudiera hacer más que enfocar, lo cual requiere toda la anchura de banda que tiene.

11. **Mucha gente le tiene temor al sentir.** Sin embargo, uno no puede evitar sentir. Muchas veces es porque piensan que sentir significa rendirle el control a otros. Si uno no entiende la función del sentir en el cuerpo humano, puede que se piense que otros están decidiendo por uno. Pero sí son decisiones suyas, sólo que ni se acuerda de las ideas que aceptó hace años, que las causaron.

    Es otra de las paradojas de la genialidad. Hay que soltar, rendir completamente la necesidad del control y la causa y efecto inmediatos. La mente no-consciente no toma decisiones sobre lo que quiere, sólo crea lo que la mente consciente ha experimentado y deseado.

12. **El Genio es cuestión de crear una interacción deliberada y continua entre la mente consciente cotidiana y la mente no-consciente,** de manera que juntas puedan darnos lo que queremos: la primera nos da decisiones íntimas y fundamentales sobre lo que queremos, mientras que la segunda nos da los conocimientos únicos y personales que nos llevan a hacerlos realidad.

El vocabulario para un idioma sin palabras

Todos los fenómenos que te vamos a describir son fáciles de generar y muy generosos en lo que te pueden dar a cambio. Estamos usando palabras, que son lineales en su creación y uso, para describir un *cómo se siente un estado mental*, que es no-lineal es su creación y uso, lo que quiere decir que las experiencias que tú tengas con ellas serán únicas y personales para ti.

Lo anterior explica por qué la idea de que el conocimiento pueda ser digital, no es cierta. No hay nada que pueda ser más íntimo y verdadero que saber cómo uno se siente. Sentir es saber. Lo demás es mera información.

La introspección sólo significa contestar la pregunta ¿cómo me estoy sintiendo en estos momentos? —contestación que sólo puede venir de tú *propio* sentir. Nadie más sabe esto.

La imaginación es sólo una de las formas de pedir más detalles de la contestación a la pregunta que es la más importante de todas, "¿qué quiero? Tú propia imaginación te sorprenderá, ofreciéndote selecciones inesperadas, como también ideas que tú has tenido pero de las que te habías olvidado. Esas ideas son creencias, que surgen como reacción a lo que tú estás, en estos momentos, imaginándote, como por ejemplo, "¡Eso no va a ser posible!" "¡Esto va a ser divertido!"

La intuición, la visión interna (*insight*) y la inspiración son formas en las que la mente no-consciente te envía conocimientos (*knowledge*), la forma en que te habla. El objetivo de la interacción entre la mente consciente y la mente no-consciente es precisamente para generar esos sentimientos particulares que forman el conocimiento.

Uno aprende a entender y a confiar en ellos, practicándolo; experimentando con las idiosincrasias de la mente no-consciente de uno mismo, hasta que lleguen a ser lo normal.

Todas estas formas de comunicación conllevan energía, **porque el sentir siempre lleva energía**, no importa, no importa si es negativo o positivo. Las palabras tienen la intención de comunicar conocimientos y energía. Cuando las palabras llevan energía, son atractivas. Cuando no, no importa cuánto significado tengan, están muertas. Hay palabras que usamos para describir a las personas que se comunican con mucho *sentimiento* (carismáticas, poderosas, articuladas, convincente, influyentes, etc.) y para los que se comunican con poco sentir (aburridos, desconectados, sin brillo, sin dirección, sin sentido, etc.). La mayor parte del tiempo, todos hacemos ambas cosas. Cuando el sentir es genuino, la experiencia puede crecer provechosamente. Cuando es mero esfuerzo, entonces no.

También es fácil saber cuando alguien intenta inyectarle energía a sus palabras, pero la energía no es genuina; se esfuerzan y "evangelizan." Al principio podría parecer convincente, pero no lo puede sostener. Esto lo vemos en la comunicación de los vendedores frecuentemente, cuando tratan de lograr una venta con mucha energía forzada y falsa. La mayoría de los vendedores no saben que tienen primero que convencerse ellos mismos, con completa integridad, antes de que puedan convencer a los demás. Cuando uno entiende el sentir, es fácil detectar una mentira.

La identidad es un resultado que es la suma total de lo que tú no sabías que has estado creando en tú vida, porque desarrollar la capacidad para el Genio es también la forma en que tú *creas el "yo" que siempre habías querido ser*. No tienes que preocuparte por eso porque va a ir sucediendo fuera de la percepción tuya de todas formas y luego se revela poco a poco.

La intuición, la visión interna y el sentir interno (*"gut-feel"*) son momentos de comunicación. Imagínate el poder de la mente no-consciente que te puede ofrecer información a ti en un solo instante y que en ese instante, se vuelvan completamente claras situaciones con un contexto complejo y entonces el mundo entero se te cambia.

Hay relampagueos de intuición mediante "el nacimiento" de un paradigma nuevo, que es a lo que se refería Kuhn en ***"The Structure of Scientific Revolutions"* ("La estructura de las revoluciones científicas")**. Una vez tú te acostumbres y practiques, cuando hagas un pregunta o pidas saber algo la mente no-consciente puedes responder con un relampagueo de intuición. Eso es *saber*.

La inspiración funciona igualmente. Hay organizaciones que se preocupan por la participación activa de los empleados ("*engagement*") y que ofrecen toda clase de actividades para acrecentar el espíritu de equipo ("*teamwork*"), sin entender que la participación es un sentir y no sólo una mera actividad. Es un sentir que puede generar enorme energía y actividad voluntarias, pero la actividad es lo segundo y viene como consecuencia del sentir. Si no se puede tratar el tema del sentir en el clima organizacional, entonces hablar de la participación activa es perder el tiempo.

La inspiración es energía positiva que se dirige en la dirección del resultado que uno quiere. Si tratas el tema del resultado con mucha energía (*hard work*) sin tratar el sentir *primero*, la actividad que generes tendrá sólo resultados limitados porque tendrá poca energía y pocas ideas. Es la diferencia entre actuar después de respirar y actuar sin respirar. La inspiración puede cultivarse continuamente, mediante **el aprecio** de todo lo del proyecto que a uno le gusta.

El estado primario del sentir

El estado primero del sentir, para tener acceso al a mente no-consciente, es simple: es un estado mental en el que tú te sientes contento, feliz, relajado y jubiloso o sus equivalentes. En resumen, tú te sientes bien. Ese es el único estado mental que permite que la mente no-consciente interactúe con la mente consciente. Es pura física; es cuestión de la "anchura de banda" mental.

¿Por qué? La mente no-consciente no responde al estrés (*stress*), que es la palabra que usamos para cuando uno *no* se siente bien. Cuando uno se siente con estrés, la mente consciente está plenamente y profundamente ocupada con una idea negativa específica. La única forma para eliminar la interferencia del estrés es enfocarse en su contrario, *sentirse bien*. Cuando no lo hace y se queda en el estrés, la mente consciente le está dejando saber a la mente no-consciente, "¡ahora no! No me comuniques en estos momentos grandes soluciones o innovaciones— ¡estoy demasiado ocupado enfocándome en el estrés!" No es la mente no-consciente la que se niega a cooperar, es la mente consciente, que quiere estar a cargo aunque eso la lleve derecho al fracaso.

¿Por qué? Cualquier cantidad de estrés ocupa completamente a la mente consciente. Recuerda que tiene una anchura de banda muy estrecha, así que no le sobra "espacio" mental. Enfocar es su propósito, mientras tú lo permitas. Hay algunas cosas que valen la pena que uno se enfoque en ellas y hay otras que no.

Cuando tú estás bajo estrés *no puedes* obtener grandes ideas nuevas. No es físicamente posible. El estrés es una gran tentación para la mente consciente; cuando tú examinas la realidad desde esa perspectiva, le has cerrado la puerta a la mente no-consciente. La mente no-consciente sólo se comunica con la ancha banda del sentir y así trata asuntos con una profundidad que no puede la mente consciente. La mente no-consciente no puede enfocarse en el estrés. Enfocar no es su responsabilidad; su responsabilidad es tratar los grandes temas, no los temas específicos y negativos como: se rompió la calefacción; el proyecto no va a terminar a tiempo; mi auto se ha averiado; el cliente se está quejando... etc.

Claro está, uno no puede pasar del estrés a canciones de felicidad.

Sentir lo negativo y específico es donde se origina el sentirse mal. Tú puedes cambiar cómo te sientes (aun cuando no cambie la situación).

Hay un gran número de historias famosas que cuentan que cuando a los científicos o matemáticos famosos se les ocurrió su famosa teoría, estaban en un estado mental y físico relajado: por ejemplo, Sir Francis Newton miró por una ventana de su estudio y viendo caerse una manzana de un árbol, se inspiró con preguntas que lo llevaron a su teoría de la gravedad; a Archímedes de Siracusa, el más grande de los matemáticos de la antigüedad, se le ocurrió su teoría del desplazamiento del agua el momento que entro a una bañera y así mucho más.

Hemos mencionado que la consciencia tiene una habilidad excepcional, fundamental y primaria para **enfocar**. El enfocar puede generar resultados maravillosos, pero también puede generar resultados desastrosos. Lo bueno es que si sabes cómo funciona esto, tú lo puede escoger—eso es enfocar. **Enfocar te permite escoger lo que quieres en todo momento**, que es la única función verdadera de la mente consciente y es también algo que la mente no-consciente no hace.

A veces uno se siente tan estresado, tan furioso, tan deprimido o tan desesperado que uno no puede llegar a sentirse bien, pero *sí puede llegar a sentirse un poco mejor*. Ese es el objetivo, porque el cambio se puede dar si tú procedes por incrementos.

Cuando no te sientes bien, sólo quiere decir que hay algo que tú *no quieres* y tú mente no-consciente te lo está señalando con ese sentimiento. Así es cómo se comunica la mente no-consciente, con su "idioma" de *sentir*. ¡Préstale atención!

Los sentimientos negativos siempre son sobre algo *específico*, algo en lo que su mente consciente se está enfocando, algo **negativo y específico**. (Por ejemplo, "¿Cuándo va a cooperar este grupo?" o "¡El presupuesto no da!").

La mejor manera de crear el estado mental de sentirse bien es la siguiente: **mentalmente, piensa en una abstracción o una generalización que tenga una relación positiva con la situación** (por ejemplo: "La verdad es que los grupos en esta situación, con un poco de paciencia, siempre acaban por cooperar." o "Esto yo lo voy a llegar a entender y resolver; las cosas siempre me salen bien.") Si quieres, también tú **puedes apreciar lo que sí funciona bien, que sí te hace sentirte bien** (como por ejemplo: "La verdad es que a fin de cuentas sí me gusta este puesto y el año hasta ahora me ha ido bien.").

Como Genio, uno se vuelve experto en regularmente transformar lo que es negativo y específico, en algo positivo y general.

¿Por qué hacer esto? Porque cuando uno siente *stress*, es porque hay algo que uno quiere y lo que uno quiere requiere una perspectiva nueva o una idea nueva; para que esas cosas sean posibles, hace falta un estado positivo de sentimiento. Uno necesita estar en el estado mental primario.

Lo llamamos el "estado mental primario" porque es el estado mental óptimo. No se puede sostener continuamente. Si se pudiera, no habría la creación de deseos nuevos. Para generar deseos, hace falta tener obstáculos. Uno puede evocar esos deseos y mantener ese estado mental, por mucho más tiempo que lo que unos se imaginaría.

Los genios saben cómo hacerlo. Es por eso que pueden ser creativos con regularidad. Ahí, ¡ya tiene tú su principal secreto! Por eso es que aun cuando se encuentran en una situación horrible, los Genios han aprendido a relajarse, a al menos, a sentirse mejor que los demás a su alrededor que se están desesperando y gritando de pavor.

¿Que causa que los Genios se sientan bien?

Los Genios se sienten bien a causa de sí mismos; a causa de sus propias aspiraciones; a causa de ver desarrollar sus ideas; a causa de continuamente desarrollar nuevas ideas todo el tiempo; a causa de poder ver lo que los demás no pueden ver; a causa de sentir el placer de pensar en lo que quieran, dónde quieran y cuándo quieran, sobre lo que han logrado en el pasado, no importa lo mucho o poco que impresionen a los demás. Se sienten bien a causa de poder extender sus habilidades en los campos que les gustan; a causa de poder producir, aparentemente con facilidad; a causa de saber lo que los demás no saben; a causa de poder ver que sus propias identidades crecen y se evolucionan; a causa de continuamente aprender sobre sí mismos; a causa de abandonar el escuerzo físico exagerado (el "*hard work*"), a favor de disfrutar, en vez de eso, lo que están haciendo; a causa de su auto-confianza que crece explosivamente, con su sentido de auto-valoración; a causa de que con que tan sólo piensen sobre un tema nuevo para que, muy pronto, se les aparezcan ideas nuevas...

Cualquier forma de *stress* es el estado mental *contrario* al estado mental primario. Los efectos negativos del *stress* se han estudiado una y otra vez ya hace décadas. Hoy en día los estudios sobre los efectos del stress se publican anualmente en miles de libros y de artículos.

A continuación presentamos dos de éstos, que acabamos de descubrir mientas editábamos este documento:

- **"La ciencia del perdón: cuando uno no perdona, uno deja salir todos los químicos de la reacción del *stress*"** (*"The science of forgiveness: When you don't forgive you release all the chemicals of the stress response."*) y...

- "Trabajar más horas aumenta el riesgo de tener un accidente cerebrovascular (un "derrame") por un 33%; estudio" (*"Working longer hours increaes stroke risk by up to 33%: estudio."*)

Estas selecciones verdaderamente se escogieron al azar, como las primeras dos que encontramos en el internet, que encontramos sólo al editar este documento. Queremos añadir las siguientes observaciones.

De lo anterior, el primer artículo se publicó en *salon.com*; el segundo, en *yahoo.com/news,* ambos a principios de septiembre de 2015.

El primer artículo examina estudios que principalmente se llevaron a cabo con víctimas de quemaduras y señala que la forma en la que interpretaron y en cómo se sintieron con lo que les había sucedido, cambió fundamentalmente sus resultados médicos. Se basa en estudios científicos rigurosos que se llevaron a cabo en universidades con hospitales.

A continuación, algunos de las conclusiones:

> "Cuando uno no perdona se producen todos los químicos de la reacción de *stress*," dice Luskin. "Cada vez que uno reacciona, la adrenalina, el cortisol y la norepinefrina se producen en el cuerpo. Cuando se trata de una molestia crónica, se podría producir alrededor de unas veinte veces al día, y **esos químicos limitan la creatividad y la resolución de problemas**. El cortisol y la norepinefrina hacen que el cerebro entre a lo que llamamos 'la zona de no poder pensar,' y con tiempo harán que uno se sienta indefenso y como víctima. Cuando

uno perdona, todo eso se borra por completo.' [La letra negrita es nuestra.]

[Esta cita ha sido tomada el artículo titulado, *"Triumph of the Heart: Forgiveness in an Unforgiving World,"* por Megan Feldman Betterncourt y publicado por acuerdo con Avery, una impresora de Penguin Publishing Group, una división de Penguin Random House LLC.
Derechos de autor, 2015, de Megan Freldman Betterncourt.]

Nosotros añadiríamos que no es sólo que "limitan" la creatividad y la resolución de problemas sino que *hacen que estos procesos mentales sean completamente imposibles*. Se trata, en realidad, como dice el artículo: de una zona de "no poder pensar."

La ciencia de la neurología del cerebro ha logrado más en los últimos 20 años que en toda la historia humana. Sin embargo lo que más nos interesa no son tanto los químicos particulares en estos procesos, sino más bien el hecho de que el *stress*—que en el caso del artículo es resultado de heridas severas—no permite que uno se sienta bien si uno no lo trata. Cuando uno se concentra en el *stress*—y recordemos que poder enfocar es la primerísima capacidad de la mente consciente—uno no puede tener acceso a la mente no-consciente ni a los dones que nos puede otorgar, porque cierra el acceso al estado mental primario que es lo que permite ese acceso.

El segundo artículo que mencionamos, ***"Working longer hours increases stroke risk by up to 33%: study,"*** presenta una serie de estudios sobre ese tema y nos interesa un detalle en particular:

"Al observar la conexión entre trabajar largas horas en el lugar de trabajo y las enfermedades del corazón, Mike Kivimake, una profesora de epidemiología de University College London y sus colegas examinaron datos de unos 25 estudios que incluían 603,838 hombres y mujeres de Europa, de los Estados Unidos y de Australia que se estudiaron por un promedio de 8.5 años...

'El surtido de todos los estudios disponibles sobre este tema nos permitió investigar la asociación entre largas horas de trabajo y el riesgo de enfermedades cardiovasculares con mayor precisión que lo que hasta la fecha se había podido,' dice Kivimaki en una declaración.

'Los profesionales de la salud deberían tener en cuenta que trabajar por largas horas se asocia con más riesgo de tener un derrame cerebral y quizás con la enfermedad coronaria.'

Trabajar por largas horas "se asocia" con el *stress* pero no es la causa. El *stress* se provoca cuando uno hace algo que no quiere hacer. Si uno se encontrara haciendo algo que le apasionara y le emocionara no se trataría de trabajo "duro," se trataría de algo que brinda placer y vigor Es más, ¡*mejoraría la salud!*

Los estudios sobre el *stress* ofrecen mucho campo para los investigadores, porque hay tantas causas para investigar. Por otra parte, también hay estudios que comprueban que sentirse bien tiene efectos positivos innegables, como señala el artículo anterior. Lo que no declaran con claridad ninguno de los estudios, es lo que constituye la tesis principal de este libro: **el hecho de que cómo uno se siente, tiene un fuerte impacto sobre la "conversación" interior con la mente no-consciente: el *stress no permite* que tome lugar, mientras que sentirse bien *sí* lo permite. Los Genios dependen de esa conversación interior.**

¿Cómo puede uno trabajar con menos esfuerzo y más resultados? y el mito eterno del *"Hard Work"*

Los Genios saben cómo ser más eficaz. Sin embargo, cuando alguien te sugiera esto, es siempre porque se refieren a algo que *ellos* piensan que tú deberías estar haciendo. Nunca te dicen, "No sé como puedas hacerlo, pero ¡trabaja con más eficacia! "Trabajar con más eficacia" (*"working smarter"*) es gran idea, pero nadie te puede decir cómo inventarse una buena idea específica, para mejorar su proceder.

Una cosa queda sin duda: nadie te va a informar que para <u>inventarse la buena idea</u>, ¡tienes que dejar lo que estás haciendo! No dicen nunca: "deja de hacer lo que estás haciendo y <u>descansa</u>."

Todo el mundo se cree que ponerse a pensar es perder el tiempo y que antes que nada, hay que ¡actuar! ¡actuar! ¡actuar!

Al primer intento, la gente *se cree* que la mente consciente puede inventarse nuevas ideas, porque la mente consciente es activa, pero no entienden que hay una GRAN diferencia entre inventarse una idea—*cualquier* idea—y la idea óptima para lo que tú necesitas.

La nueva idea cualquiera es tan sólo *más* información, *más* trivialidades, *más* contexto, *más* linealidad. Es cierto que puede que sea una idea "nueva" sólo porque tú te la acabas de inventar, pero ¿qué importa eso? "Más información" es algo que tiene poca o ninguna energía, mientras que una idea verdaderamente nueva lo produce una persona en particular que tiene conocimiento genuino de la situación y sentimiento genuino. Las dos alternativas existen, como si fueran dos universos distintos, pero que nadie nunca nos ha enseñado a distinguir. Es por no saber eso, que la mayoría de la gente se descorazona y se rinden, dejan de pensar las cosas y se dedican a "trabajar con más fuerza" (*hard work*).

Seguramente tú te has fijado que los supuestos gurús de la innovación dicen siempre que la innovación—que consiste tan sólo en crear una *gran* idea para una situación *específica*—dicen siempre que la innovación es "muy, muy difícil!" Ellos simplemente no saben que no es nada difícil, pero no saben cómo hacerlo y por lo tanto, si uno lo desea lo suficiente y lo intenta sin parar por muchísimo tiempo, ¡tarde o temprano es posible que algo resulte!

Eso no deja de ser "*hard work*" y una pérdida de tiempo y de energía (forzada).

El "*hard work*" no trata nunca el contenido en sí del trabajo, lo que trata es sobre *cómo uno se siente con dicho trabajo.*

La misma actividad puede ser una carga insoportable, o un placer; todo radica en la perspectiva que uno tenga. Muchas veces hay alguien a quien le gustaría mucho hacer algo, que tú consideras "*hard work*" y que no quieres hacer.

El "*hard work*" nunca es cuestión de trabajo físico exigente, al menos no en el siglo 21. ¿Cómo hace uno para trabajar duro? ¿Trabajando muchas horas? ¿Trabajando con sólo una mano? ¿Trabajando con vendas sobre los ojos? ¿Trabajando con limitaciones incómodas? ***Hard work* es un estado mental** y hace surgir una de las contradicciones más ridículas del pensamiento lineal: uno quiere producir algo pero en realidad ¡*no lo quiere hacer* en la única forma que se le ocurre! ¿Cómo puede eso no exigir una idea nueva?

El trabajo es duro cuando uno realmente no lo quiere hacer. La mayoría de la gente siente que no puede ser honesto con esto porque no tienen alternativa, pero eso no es cierto. Siempre hay algo que uno puede hacer que sea *menos duro*, que sea *más fácil*, si a uno se le ocurre una nueva perspectiva o una nueva idea. Claro que si uno no se siente bien o no puede llegar a sentirse al menos *mejor*, no se le ocurrirá una perspectiva nueva porque ha cerrado las puertas mentales de la mente no-consciente. Primero hay que estar en lo que llamamos **el estado mental primario**—hablaremos sobre eso más adelante. El *hard work* siempre exige una nueva perspectiva, una nueva idea. Cuando pensamos que no podemos generar eso fácilmente, nos resignamos al *hard work*.

El *hard work* es siempre lineal. Es una visión miope fragmentada de la realidad, pero tú mente consciente no tiene suficiente anchura de banda de información para saberlo. Es difícil dejar de trabajar duro porque se nos recompensa el trabajo duro, aunque fracasemos.

En inglés, existe la expresión *"you get an A for effort."* La "A" significa una calificación de excelencia, pero no es por producir excelencia, es por haber trabajado duro aunque no haya producido nada. Mucho de lo que hacemos se define con las expectativas de los demás y nos enfocamos en eso en lugar de enfocarnos en lo que realmente queremos. Lo que uno realmente quiere cuando hace *hard work*, es poner la atención en algo disfrutable y que también produce los resultados que uno quiere.

¿Te has fijado que cuando llevas a cabo *hard work*, usualmente es algo visible, en lo que pueden fijarse los demás? Es por eso que requiere algún tipo de dedicación física. Uno quiere irse de la oficina a las 3:30 de la tarde, pero quiere que su jefe se fije que no sale hasta las 7:00—o al menos, que el jefe piense que así fue. Por lo general llevamos a cabo *hard work* para impresionar a los demás y para comprobar que somos personas de valor.

Desafortunadamente, con el tiempo la mayor parte del trabajo se vuelve *hard work*, aun cuando los demás no lo puedan ver. Acaba siendo la única manera en la que trabajamos. **Esa es la forma en que el *hard work* crea más *hard work*.** Si no te aseguras de hacer el trabajo que te apasiona, ¿entonces quién lo va a asegurar? ¿Quién, entonces, va a crear la vida placentera, llena de logros y de reconocimientos que tanto quieres tener?

El contraste entre la linealidad y la no-linealidad siempre crea paradojas: **el trabajo más productivo que tú puedes hacer no va a ser inmediatamente visible para los demás**—esa es una de las razones por las que los Genios no pueden prestarle atención a lo que piensan los demás. Hay que sentarse y pensar y sentir cuidadosamente lo que uno quiere.

Cuando tú confrontas un gran reto, o un gran problema o una gran oportunidad, ¿qué es lo primero que haces?

Si tú piensas (si estás acostumbrado a pensar) en formas lineales, ¡te preparas para trabajar! ¡Manos a la obra! ¡No te retrases! ¡No esperes más! ¡Bébete 17 bebidas de energía!

El Genio, sin embargo, procede de formas distintas que los demás no pueden observar. Es un proceso sencillo en casi todo lo que hacen los Genios.

PRIMERO, comienzan siempre por verificar el estado de su propio interior para ver cómo se sienten con el asunto. Cómo se sienten es información importante para ellos.

SEGUNDO, determinan si se sienten bien o si se sienten mal con el asunto, porque siempre será o uno o el otro. Sentir es saber, sea lo que sea.

TERCERO, permanecen en el estado emocional primario lo más posible, o se mueven lo más cerca que pueden, hasta que reciben una inspiración, una intuición, o una idea sobre qué hacer. Eso también es saber.

Naturalmente, toma tiempo hacer de esto un hábito. Esto no es sólo un proceso mental; es un proceso *físico* de sentir. Cuando uno aprende a manejar una patineta, no es con tan sólo leer un libro sobre patinetas. Hay que salir y montarse e intentarlo, una y otra vez, hasta que uno *sienta* que va mejorando. **La experiencia es siempre un sentir, o muchas percepciones, sensaciones y sentimientos.**

Hard work es, en realidad, una vagancia porque elimina lo que debería ir antes pero que generalmente se evita: explorar cómo uno se siente sobre la situación que haya surgido y contrastarla con lo que uno realmente quiere... lo cual la gente prefiere evitar—el pensar—porque no lo entienden.

El trabajo que sí es productivo es el pensar y el sentir que puede realmente generar una nueva idea, en lugar del trabajo duro que uno no quiere hacer. Cuando uno obra de esta manera—persiguiendo el sentir—y descubre la idea que quiere, entonces ya no está trabajando duro porque lo que impulsa a uno es el interés, es la alegría de la nueva idea, es la emoción o la pasión. Con esa idea, uno ha creado algo como Genio y el Genio siempre trata la creación.

Cuando una persona le pregunta a otra...

- ¿cómo voy a poder terminar todo esto a tiempo?
- Esto es tan complicado. ¿Cómo lo voy a poder hacer?
- ¿Cómo pudo usted hacer esto?
- ¿Cómo se le ocurrió la idea para...?
- Me siento abrumado. ¿Qué puedo hacer?

La respuesta típica es "tienes que trabajar duro."

Lo que la gente *realmente* está respondiendo con sus contestaciones es, "Yo realmente no sé cómo vas a poder hacer todo esto." O "no sé realmente qué puedes hacer cuando te sientes abrumado."

Hay varios empresarios exitosos que son famosos en todo el mundo, que hemos escuchado hablar cuando los entrevistan en la televisión. No tienen ninguna idea sobre cómo les llegó la inspiración, en distintos momentos de sus vidas, o cómo fueron tan "afortunados," o cómo se llegaron a sentir tan apasionados, o cómo desarrollaron su idea en primer lugar. Por eso, cuando se les pregunta cómo llegaron al éxito, responden "Trabajé realmente duro." Esa es la contestación que es socialmente aceptable, pero nos dice exactamente nada.

Ellos genuinamente no saben, pero no quieren aparecer estúpidos o sin idea. La verdad es que, en cuanto a su manera de usar el sentimiento (la intuición, la inspiración, la innovación, etc.) realmente no tienen idea. Si dijeran, "me inspiré" o "yo quería generar una nueva idea," entonces uno con toda razón les preguntaría "...y eso, ¿cómo lo logró?" y tampoco sabrían cómo contestar eso. Así que a continuación, te ofrecemos una "traducción" que nadie antes te había ofrecido: **"*hard work*" lo que realmente significa es "Yo no sé."**

Cuando uno confronta mucho trabajo duro en el que uno no siente pasión y que realmente no quiere hacer, el reto es innovar, para obtener una nueva perspectiva y una nueva idea. Más adelante explicaremos cómo hacerlo. Como solemos decir, en cuando al trabajar fuerte, **los Genios no son mártires y los mártires no son Genios.** Para tratar eso o cualquier obstáculo, hay que ponerse en el estado mental que llamamos **el estado mental primario**.

La conversación con uno mismo: porqué a los directores de proyecto genios les encanta hablar consigo mismos.

Esta es una de las funciones más importantes de los genios y aunque no nos gusta hacer analogías entre computadoras y seres humanos, en esta instancia sí lo haremos: los directores de proyecto genios se pueden "re-programar," deshaciéndose de ideas contra-producentes que podrían sabotear lo que quieren, mediante esas conversaciones internas consigo mismo. Como hemos mencionado, lo pueden descubrir mediante el uso de su imaginación sobre eventos futuros.

La conversación interna con uno mismo es un recurso importante. Tú pensarás ¿Por qué le llamamos "conversación?" ¿Qué tiene que ver con palabras?, pero en realidad tiene poco que ver con las palabras y mucho que ver con el sentimiento—cómo uno se siente. Las palabras sólo sirven para transportar el sentir. Uno se enfoca en el sentir que quiere desarrollar y las palabras son un medio que ayuda llegar al sentir.

Los genios con frecuencia verifican cómo se sienten. Es cuestión de las entrañas de uno. Cuando uno lo verifica, encontrará que o se siente bien o no se siente muy bien.; uno o está en el estado primordial del sentir o no lo está. Otra razón para hacerlo es que cuando uno lo haga, puede que se le "ocurra" una idea en forma de intuición, o en forma de sentir en las entrañas que uno se siente bien. Los genios se mantienen en contacto con esa parte del cuerpo durante todo el día. Es un aparato que permite "leer" cómo van en cualquier momento. Además, ¡es un gusto sentirse bien!

No debemos olvidar y te lo recomendaremos una y otra vez, que el factor más importante en la forma de pensar—y no es conjetura, sino un *hecho comprobado*—es la importancia de atender la diferencia entre los papeles que juegan la mente consciente y la mente no-consciente y la manera de hacer esto es con la conversación interna.

Manejar esa diferencia aparentemente nunca se incluye en las recetas, las recomendaciones, o las explicaciones sobre "cómo innovar" o sobre "cómo resolver problemas"—que nos ofrecen los consultores, los académicos, los gurús, los consejeros, los mentores—sin embargo, si no entienden esa diferencia, la innovación y la resolución de problemas son un acertijo, una búsqueda a ciegas, o trabajo que es *hard work* sin la *certeza* de que uno encuentre una solución en alguna parte, en algún momento.

El autor T. Norretranders "reduce la consciencia" a su tamaño verdadero (*"cuts consciousness down to size"*) a la misma vez que expande nuestro entendimiento sobre lo que hay más allá de la mente consciente...

> La percepción subliminal y la actividad mental no consciente nos quieren decir que la conexión que tiene el hombre con el mundo es mucho más fuerte que lo que piensa la mente consciente. Leibnitz lo sabía y la psicología lo sabía a fines del siglo diecinueve. Pero el siglo veinte ha sido una historia de olvidarse de esta conexión; una historia de pensar que la mente consciente y su conexión al mundo son una historia cerrada.
> Ahora el sentir sobre ese parecer está cambiando y la gente se está dando cuenta de que ellos son más (grandes) de lo que ellos mismos puedan saber. (Norretranders, p. 327).

Los genios, claro está, saben esto plenamente. No sólo lo saben. Lo *saben*.

En su libro, *"The Mind and the Brain,"* Schwartz y Begley aclaran cómo la actividad mental y los resultados materiales se conectan neurológicamente: la neuroplasticidad. Para explicarlo, incluyen el filósofo y psicólogo William James (1842—1910) y sus observaciones sobre el ejercicio de la voluntad en la actividad mental. La explicación que ofrecen sobre la física cuántica, aplicada a estos procesos mentales, es lúcida, en lo que llaman la "fuerza mental." Es lo que nosotros llamaríamos, la aplicación de la habilidad de la mente consciente para enfocar, al deseo y al sentir. Ellos creen que es una de las causas de la neuroplasticidad y que de esta manera, cuando pensamos deliberadamente, hacemos cambios al cerebro físico.

Es decir, los genios tienen cerebros que son distintos en su neurología porque ellos los cambian al pensar normalmente, en su pensar cotidiano—no porque nacieran genios, como alguna gente, incluyendo neurólogos del cerebro, les gustaría hacernos creer.

> Como la atención se considera un estado mental generado internamente. . . **la introspección, la atención deliberada, el estado mental subjetivo**—llámelo como quiera—y puede configurar nuevamente la formación de la mente, de esta manera cambia los circuitos del cerebro, porque es la atención mental que hace posible la neuroplasticidad. (La negrita es nuestra, p. 339).

La atención siempre implica algún nivel de sentir, porque la atención (enfocar) es un acto de elección propia y la elección propia implica sentir, sea consciente o no. Citando la obra de Mike Mersenich y de Rob deCharms sobre la atención y la elección y con referencia a la neuroplasticidad, nos dicen:

> Esto nos deja con un hecho fisiológico claro. . . **en cada momento elegimos quién vamos a ser en el momento próximo, en un sentido real** y estas decisiones quedan en relieve en forma física sobre nuestro ser material. (La negrita es nuestra, Ibíd.)

Y entonces, volvemos así a la conversación interna. La auto-conversación significa seleccionar, mentalmente, a lo que le vamos a prestar atención. Esa selección, si implica el estado primario mental (para sentirse bien o para, al menos, sentirse mejor) quiere decir que uno está deliberadamente abriendo las puertas mentales para permitir los descubrimientos que la mente no-consciente—y que tan *sólo* la mente no-consciente—puede ofrecer.

Los genios no hablan internamente, a solas, por el mero hecho de hablar: **están hablando para poder convencerse y permitirse entrar en un estado mental particular**. Es una conversación interna con propósito, deliberada y con frecuencia es para mudarse uno fuera de un estado mental negativo y específico y hacia dentro de un estado mental más abstracto, generalizado (y positivo). Examinemos un ejemplo inventado:

- "No me siento bien porque nuestra prueba *beta* fue un fracaso total."
- "Bueno, pero el fracaso es sólo parte del proceso."
- [Observa cómo después de cada declaración, hay una pregunta sobre el sentir, que uno tiene que hacerse antes del próximo paso: "esta declaración, ¿me hace sentirme *mejor* o *peor*?" Si hace que me

sienta *mejor*, entonces continúa. Si hace que se sienta *peor*, entonces vuelve al paso anterior y haz una declaración abstracta, distinta, que te haga sentirte mejor.]
- "En el pasado, he tenido fracasos. Los superé a todos esos y por lo mismo, puedo superar esto."
- "Además, el fracaso es una cosa relativa. A largo plazo, esto sólo ha sido un breve momento."
- "Voy a descansar y olvidarme del asunto por un tiempo y me voy a poner a pensar en todos los resultados innegablemente excelentes que *sí* hemos logrado hasta ahora..."

En lo que estamos insistiendo es en que el deseo de sentirse bien no es un imperativo *ético*, sino un imperativo *hedonista*. Lo motiva el amor a la creación, a generar nuevas ideas, a resolver problemas y a innovar, porque todas estas *hacen que el genio se sienta bien.*

Sólo la imaginación se monta a horcajadas entre la mente consciente *y* la mente no consciente.

La imaginación es un fenómeno mental único, porque une *tanto* la mente consciente *como* la mente no-consciente. Primero, clarifiquemos cuán predominante es y lo mucho que lo ignoramos.

Todos imaginamos todos los días, algunos más que otros. Se nos ocurre una idea, digamos que al comenzar el día mientras nos vestimos, sobre cómo saldrá el día. Lo hemos imaginado. Tenemos además, al menos alguna idea sobre como resultarán la semana y el mes. Son todos productos de nuestras imaginaciones, usualmente extendiendo hacia fuera, con el tiempo, lo que ya hemos experimentado. Es por eso que la vida de la mayoría de la gente no cambia mucho—esperan experimentar más de lo que ya están viviendo. Eso los lleva a pensar y a actuar en forma que producen precisamente esos resultados.

Algunas personas hacen planes para lejos en el futuro y no hablamos de sólo planes mentales y un calendario, sino que piensan repetidamente con sentimientos fuertes. La razón por la que la imaginación une tanto la mente consciente como la no-consciente es porque por una parte, en cuanto a la mente consciente, *la imaginación es cuestión de enfocar y de elegir* (aunque frecuentemente eso no parezca ser posible) y sabemos que enfocar y elegir son las dos funciones primarias de la mente consciente (o para decirlo más claramente, la mente consciente quiere contestar la pregunta, "¿Qué quieres?").

Por otra parte, en cuanto a la mente no-consciente, la imaginación puede incluir el elemento (no-lineal) del sentimiento, el idioma de la mente no-consciente. Cuando uno se imagina algo que realmente quiere pero mucho, mucho, hay sentimientos fuertes, como también los hay cuando uno se imagina algo que espera pero por lo que siente pavor. Cualquier forma de *expectativa* es una forma de *imaginación*: crear uno en su mente ideas y sentimientos sobre un evento futuro. Mientras más siente uno sobre ese evento futuro, más fácilmente va a cobrar realidad el evento por la energía que desarrolla uno y que dirige los pensamientos y el comportamiento de uno.

Tú puede decidir qué quieres, por ejemplo: que mañana sea un día fácil y lo puedes imaginar de esa forma, generando así muchas ideas sobre cómo eso se podría dar, sin fijarte en una en particularidad y en vez de eso, fijándote en sentir la facilidad.

Cuando uno quiere que algo se produzca pero que realmente no se espera que sea así—al nivel sentimental de la expectativa— ¿qué crees tú que suceda? La pregunta se vuelve en el saber dónde está la mayoría de la emoción, ¿en el sentido del deseo o en el sentido de la expectativa?

Claro que la interacción de las dos formas de consciencia está en nuestras mentes, aunque no nos demos cuenta para nada. Pero con la imaginación tenemos a nuestra disposición una fuerza excepcional que puede dirigir la mente no-consciente en las direcciones que queremos. En muchas formas, la expectativa y la imaginación crean nuestras vidas.

La imaginación es la capacidad para pensar en algo que no existe en la realidad material y hacer surgir las imágenes mentales y los conceptos y los sentimientos que le confieren un grado de realidad que antes no existía.

La imaginación con frecuencia la denigran como meros sueños y una pérdida de tiempo, los que no entienden que todo lo que existe en la realidad material comenzó primero como alguna forma de consciencia, ***dentro de la cabeza de alguien.*** Los proyectos tuyos son primero, una *idea* sobre una realidad posible—el *software* nuevo, el prototipo del nuevo producto, el proceso de desarrollo exitoso, el *app* soñado, la canción encantadora, la película fascinante y así por el estilo. La administración de proyectos primero toma ideas y las convierte en una realidad material palpable. Por eso, la administración de proyectos trata la creación y la innovación.

Esto se produce al aplicarle energía para producir aún más ideas, ideas que se alinean con la visión del genio director de proyectos; ideas que le añaden impulso, poder, fuerza, energía, facilidad, pasión, dedicación, emoción; ideas que expanden otras y que aumentan la convicción que conectan recursos; ideas que apalancan a otras; ideas que hacen que el proyecto despegue; ideas que hacen que el proyecto revele su naturaleza emocionante y acertado; ideas que convalidan conceptos y la visión que antes eran dudosas; ideas que se ganan a personas que antes eran escépticos; ideas que expanden la facilidad del proyecto y que convierten los problemas en soluciones novedosas . . . y eventualmente, esas *ideas sobre ideas sobre ideas y sentimientos sobre sentimientos sobre sentimientos,* todas se juntan en un sólo resultado y ahí está: un proyecto de genio, excepcionalmente exitoso y completo.

Cualquier proyecto exitoso es la creación de algo nuevo. Un proyecto exitoso es siempre un proceso innovador. Mueve a lo intangible—una idea—al mundo material. Como sucede con cualquier fenómeno de la física, requiere energía para poder hacerlo. Esa energía no es gasolina; no es energía solar; no es resultado de los músculos o del esfuerzo físico; es la energía generada por el *sentimiento*—sentimientos que deliberadamente construyen y generan más ideas y más sentimiento.

Sin el sentimiento, faltarían las ideas. Sentir es saber; las ideas las genera el sentir. La pasión y la visión de éxito del genio director de proyectos, crecen continuamente como una bola de nieve rodando en la nieve y adquieren definición, forma y realidad. Se vuelve algo que uno puede ver. Comienza como algo abstracto, no definido, sin forma y lenta y progresivamente comienza a enfocarse y a convertirse en una realidad material.

Algunos de los más desastrosos proyectos que se nos han pedido que examinemos cuando terminan son proyectos en los que la gente trabajó más insistentemente en cuanto a las horas que le dedicaron y los sacrificios que hicieron. Muchas veces, esto es difícil de aceptar e impactante para ellos. ¡No rendimos fácilmente nuestra dedicación al *hard work*! Los mártires no son genios y los genios no son mártires.

La imaginación juega un papel importante, sobre todo en cuanto a dos cosas: el proyecto ofrece una *visión* del futuro y aclara lo que *creen* –tanto los que lo apoyan como los que no.

La imaginación tiene que ver con esas creencias porque lo que uno cree sirve como frontera para entender la realidad en la que vivimos—esas creencias son maleables.

Los genios sueñan y se imaginan lo que quieren y lo hacen con frecuencia. La imaginación abierta y relajada es uno de los estados mentales en los que se permite que la mente no-consciente comunique lo que *sabe* a diferencia de lo que *cree*.

Si uno quiere ser genio, tiene que cultivar el placer de pensar y tiene que observar sus propios pensamientos para aprender de ellos. Mientras más se cultive como *placer* y no como obligación, más fácil y provechoso se vuelve.

Eso representa los dos propósitos que más se benefician con la imaginación:

1. La imaginación te permite entender lo que tú realmente quieres y a fin de cuentas, lleva a una visión de éxito. Como te puedes imaginar, te harás preguntas y reflexionarás sobre temas que de otra forma, no se te hubieran ocurrido y que son de consideración importante *antes* de que se vuelvan algo difícil.

Se producirán en la forma en la que la mente no-consciente frecuentemente nos llama la atención: *se nos ocurren de momento*. En esta forma, es más fácil embellecer el conocimiento de lo que uno quiere. Eso es algo que no se lo puede ofrecer una base de datos o una búsqueda en Google… Y si tú decides que *sí* quieres lograr esta cosa nueva que *se te ha ocurrido*, entonces la pregunta se vuelve, ¿cómo quiero que esto se dé?—y entonces, uno se imagina *eso*.

La imaginación y el soñar despierto son infinitamente productivos, pero las formas en las que aceptamos eso pueden dificultarlo. Por ejemplo, puede ser más productivo sentarse uno a imaginar, que "*ponerse a hacer algo*" porque nuestras ideas sobre el pensar nos hacen creer que cuando lo hacemos, realmente no estamos *haciendo* nada—la idea errónea de que el esfuerzo tiene valor de por sí. "¡Trabaja fuerte, que te viene bien!" Los genios no participan en esa limitación.

2. La imaginación te puede demostrar las limitaciones que se tienen en las *ideas* sobre la realidad—limitaciones sobre lo que será (o no) posible en tú propia realidad. Esas creencias, como hemos dicho antes, son las fronteras de las realidades que nos creamos. Si tú, por ejemplo, no crees que tú proyecto tendrá éxito, no lo tendrá. Tú mente no-consciente se asegurará de eso, es decir, uno se saboteará sin saberlo.

La mayor parte del saboteo inconsciente sucede con muchas pequeñas ideas que quedan sin atender, en lugar de con ideas grandes como "esto va a fracasar." Por ejemplo, tú puedes pensar que el Departamento de Conformidad nunca aceptará el plan del proyecto. O que tú jefe no aceptará algunas de tus ideas y que no te apoyará completamente. Si se cree en ideas de ese tipo con suficiente fuerza, entonces—¡sorpresa! El Departamento de Conformidad te ha enviado un *e-mail* y no es bueno lo que dice. Ah—y además, tú jefe acaba de llamar para que tú lo veas en su oficina...

La mente no-consciente es infinitamente creativa, pero no puede transgredir las fronteras de lo que creemos, nunca. En realidad, está actuando de forma creativa, sólo que no en la dirección que queremos. Sus afirmaciones pueden ser positivas, pero si sus *sentimientos* no lo son, el sentimiento acaba ganando, siempre. Los sentimientos son energía.

La mente no-consciente no inicia respuestas a la pregunta, ¿qué quiero? porque su alcance amplio y a largo plazo y con una vista universal sobre todo en nuestras vida y nos puede crear una realidad que parece inesperada, pero que realmente es sólo una vida entera de preferencias que le hemos comunicado, de deseos y de aspiraciones que se nos han olvidado. La mente no-consciente no se olvida ni despide nada.

Por eso, aquí estamos, en las fronteras de nuestra realidad: nuestras ideas/creencias. En muchas sesiones de lo que llaman *post-mortem* (que se dan después de que un proyecto haya fracasado), examinamos el cadáver de un proyecto que acabó mal, sólo cuando los miembros del equipo sienten la confianza como para ser honestos los unos con los otros. Normalmente, escucharás a la gente decir cosas como las siguientes:

- "La verdad es que yo nunca pensé que este proyecto progresaría."
- "Yo sospeché que las cosas iban mal y no pensé que se resolverían, pero ¡yo no quería ser el mensajero!"
- "Pensé todo el tiempo que proyectos como este nunca tienen éxito."
- "Esto desde el principio fue demasiado ambicioso. No fuimos realistas."

Estos son todos ejemplos de ideas que limitaron la realidad que el proyecto intentaba crear, definiendo las verdaderas fronteras que dirigirían lo que hicieran las personas —estuvieran conscientes de ello o no. Lo que hay que hacer es primero, *identificar las ideas/creencias* y segundo, *cambiarlas*.

La imaginación trabaja muy bien en esto de *identificar* las creencias de uno, porque cuando uno intenta crear mentalmente una realidad que contradice esas creencias, *uno se da cuenta porque lo siente*.

La imaginación también funciona muy bien para *cambiar* nuestras creencias, si perseguimos tenazmente el *sentir* que está al fondo de la nueva creencia. Si uno tan sólo persigue *palabras*, no cambia nada. Hay que buscar la *energía*.

¿Para qué perseguir, practicar, ejercitar y llegar a conocer realmente el sentimiento que define fundamentalmente la nueva creencia? Sencillamente porque uno quiere crear impulso, energía, movimiento y más sentimiento positivo, más iniciativa, más deseo—todas las fuerzas que acaban por crear una nueva realidad. Crear una realidad puede ser tan sólo cambiar una idea, una creencia, una expectativa y eso no sucede instantáneamente.

Uno no puede disminuir una idea o creencia que no quiere enfocándose en ésta o analizándola; hay que mudarse a tratar la idea contraria. Si uno la analiza, se está fijando en ella, es decir añadiéndole más energía, justo lo que no se quiere hacer. Las creencias son como las ideas; crecen y se expanden dentro de nosotros con la energía de la atención y el enfoque—el enfoque que es la función primordial de la mente consciente. Las ideas pueden entrar en la realidad fácilmente aun cuando uno no lo quiere, si no presta atención a cómo se siente.

La imaginación es cuestión de "recordar el futuro" porque hace que el futuro cobre realidad, expandiendo las ideas y la energía que lo intangible se vuelve, poco a poco, casi tan real como lo físico, hasta que de momento— ¡fíjate!— ¡se hizo realidad!

En su libro, *"The Creating Brain,"* ("El cerebro creador") —un libro que trata principalmente las vidas y los logros de genios particulares, la psiquiatra Nancy C. Andreason especula brevemente sobre los procesos mentales de los genios.

Desafortunadamente, ella sugiere que los genios son un tipo de ser único con una neurología única a quienes ella llama *"special creatives."* Así sucede siempre con las personas que no entienden la realidad de lo que es ser genio y sólo lo observan desde fuera. No es así. La práctica sí cambia al cerebro. Ser genio no es cuestión genética. Aunque Andreason trata muy de pasada el tema de la neuroplasticidad, su libro no aclara un hecho esencial que creemos firmemente: toda persona tiene la capacidad para ser genio.

De todas formas, queremos citar una de las especulaciones que hace al final de su libro y terminar este capítulo con las ideas que ella tiene sobre los procesos *no-*conscientes porque valen:

Estos relatos introspectivos describen un proceso durante el cual el pensamiento no sólo se vuelve fuera de secuencia o no lineal, sino durante el cual procesos no-conscientes y no racionales juegan un papel. Es como si las cortezas cerebrales que tienen múltiples asociaciones se comunicaran, de ida y vuelta, pero no para integrar las asociaciones con entradas sensoriales o de impulsos motores, como frecuentemente es el caso, sino simplemente respondiendo unos a otros. Las asociaciones se producen libremente. Prosiguen sin frenar, sin estar sujetos a los principios de realidad que normalmente los gobiernan. Inicialmente, estas asociaciones podrían parecer sin sentido o desconectadas. Yo propondría la hipótesis de que durante el proceso creativo el cerebro comienza por *desorganizarse*, haciendo conexiones entre formas sombreadas de objetos o de símbolos o de palabras o de experiencias que recuerda y que no se habían conectado anteriormente. Con esta desorganización, eventualmente surge la auto-organización y rige en el cerebro. El resultado es una cosa completamente nueva y original: una función matemática, una sinfonía, o un poema. (pp. 77-78).

...o, añadiríamos, un gran proyecto, o una innovación inesperada o una solución espectacular para un problema imposible.

3

¿Cómo administran proyectos los Genios?

Un observador pensará que la práctica de los genios está llena de paradojas. Por ejemplo...

Los genios no hablan mucho con *los demás*, pero sí hablan mucho *consigo mismos*. No piden ni escuchan lo que los demás piensan sobre las cosas, pero el genio insiste *principalmente* en *escuchar lo que dicen los demás* en lugar de *hablar*. En situaciones particulares, los genios escuchan *a los demás* para escucharse *a sí mismo*.

Los genios usan los indicadores y las medidas lineales pero no *dependen* para nada de ellos. Los genios no se emocionan, por lo general, por la información, sin embargo producen conocimientos sin cesar y lo valoran enormemente. Los genios trabajan en medioambientes similares o iguales a los de los demás a su alrededor, pero ven y saben cosas que los demás no ven y no saben. El trabajo de los genios es *pensar*, pero sus métodos son realmente *físicos*. Los genios producen y crean resultados excepcionalmente, pero nunca trabajan demasiado. Podríamos continuar.

Las paradojas se generan cuando *dos* formas de consciencia, que usan dos idiomas *distintos* y que ven el mundo en formas fundamentalmente diferentes (y frecuentemente, formas opuestas), interaccionan, el uno con el otro, para crear algo.

Lo que se genere sin usar conscientemente e interactivamente estas dos formas de consciencia, resultará en la *mediocridad*, o en resultados meramente incrementales (añadiéndole a algo que ya existe).

Las paradojas son inevitables, pero no requieren resolución. Son ellas su propia resolución. Los genios no tienen que estresarse sobre las paradojas porque saben que en cada instancia, lo que lleva la delantera es el sentimiento. El deseo y el sentir lo puede todo.

Cómo llegar a la certeza

La dirección de proyectos existe como disciplina para producir resultados específicos controlando los procesos para lograr esos resultados. Es decir, **la dirección de proyectos existe para generar resultados específicos con alguna medida de certeza.** Lo contario a la certeza es la incertidumbre o la impredictibilidad.

Cuando los proyectos fracasan por cualquier razón en particular y está finalmente se hace patente, ese fracaso se atribuye a algo "impredecible" y por lo general, la racionalización es "¿cómo pudimos haber sabido?" **La certeza es saber**.

La certeza no se puede medir y no se puede garantizar; a fin de cuentas se trata de un sentir—y es un sentir importante y duradero cuando es fuerte y genuino. Volveremos a eso más tarde. Vamos en dirección de crear un GRAN cambio en las formas que tú entiendes lo que es la dirección de proyectos, así que vamos un paso a la vez.

Lo que llamamos la "metodología" de la administración de proyectos—las páginas y páginas de recomendaciones, las gráficas circulares, la medida, las analogías con otros sistemas, las jerarquías de procedimientos y procesos, los tableros de información ("*dashboards*"), la nomenclatura, las lecciones aprendidas, las mejores prácticas ("*best practices*"), las gráficas de Gantt, las diapositivas de *PowerPoint*, las etapas y otros fragmentos que dividen los procedimientos, la práctica de ordenar las cosas desde lo general a lo específico—podríamos seguir añadiéndole a esta lista—son todos fenómenos lineales que *miden, relacionan, interpretan y generan otros fenómenos lineales* (que usualmente son datos de algún tipo).

Si se puede medir *con sólo números o palabras*, es lineal. **Cuando fenómenos lineales miden *otros* fenómenos lineales, ellos de por sí, sólo pueden producir la mediocridad.** No captan la realidad completa de lo que está sucediendo.

Cuando uno mira y observa el mundo, lo que ve y siente no es lineal. Cómo lo pone Nørretranders:

> El balance entre lo lineal y lo no-lineal es uno de los retos principales que confronta la civilización. A fin de cuentas, se aproxima al reto de encontrar un balance entre la consciencia y la no-consciencia. Porque al final, la diferencia entre la consciencia y la no-consciencia es precisamente que **hay muy poca información en la mente consciente**. Sólo puede captar líneas rectas ya que las que no son rectas no las puede captar porque contienen demasiada información. (Letra negrita es nuestra; p. 393).

Como los proyectos son inminentemente lineales, ¿por qué no serían los directores de proyectos —que son los pensadores lineales más sólidos y que apoyan activamente los procesos y las medidas lineales— los productores más exitosos?

Recordemos que las destrezas de entrada (nuestra traducción del término, *threshold skills*, un concepto que originaron los investigadores que evaluaron la competencia para producir resultados superiores en determinado puesto de trabajo durante los años 1970, quiere decir *una destreza que se necesita para llevar a cabo un puesto de trabajo, pero que sólo un requisito para la entrada al puesto que no produce una ejecución de resultados superiores.*

Las destrezas "de entrada" (*threshold skills*) no distinguen entre una ejecución superior y una ejecución promedio en determinado puesto de trabajo y no importa cuán experto uno sea en producirla(s).

Las teorías sobre la dirección de proyectos pueden quizás *aproximarse* a las situaciones que los estudiantes y los administradores tendrán que confrontar en situaciones reales, pero la realidad es siempre más amplia, más compleja, más detallada y en fin, tan impredecible que no puede definirse ni con las teorías ni con las prácticas más elaboradas. Las "*best practices*" ("mejores prácticas de ejecución") más recomendadas llevan usualmente al fracaso. ¿Podemos estar de acuerdo en esto? Esa es la diferencia entre la teoría y la realidad. La realidad acaba ganando siempre—la tasa de un frecuencia de fracasos de 75% en los proyectos es testigo de esta verdad.

En su libro, "***The Competent Manager, A Model for Effective Performance***," ("**El administrador competente, Un modelo para la ejecución efectiva**") (1982) que se basa en investigaciones que se generaron por décadas, Richard Boyatzis clarifica que no se trata sólo de informaciones que reciben los principiantes—los procesos y procedimientos *standard* que se aprenden en la escuela sobre la administración—los que no producen excelencia y que están al nivel de "*threshold skills.*" Esas destrezas "de entrada" pueden incluir también conocimientos especializados (pero a fin de cuentas, lineales), que puedan usar los administradores:

> Esto sugiere que hay determinados hechos y conceptos que necesita un administrador

para llevar a cabo su trabajo, pero que tener más de esos conocimientos especializados no contribuyen de por sí, a una ejecución que sea superior en comparación a una ejecución promedio en determinado puesto. En ese sentido *los conocimientos especializados se pueden considerar una destreza "threshold."* (p. 184).

A continuación, nuestra primera hipótesis sobre la ser director de proyectos competente:

Hipótesis Número 1: Uno no puede comenzar un proyecto con la linealidad como su criterio principal—o lo que llaman los análisis de competencia, "*threshold skills*" (las prácticas, metodologías, medidas, etc., estandarizadas, que aprenderá de las escuelas, los libros, los certificados, los programas, las presentaciones de PowerPoint y otros medios lineales)- y *acabar* por producir un proyecto exitoso. La linealidad es *necesaria* para producir un proyecto exitoso, pero no constituye, de por sí, ese éxito.

Es física simple. Uno puede tener toda la información que quiera (con la mente consciente como fuente) y aun así, tener pocos conocimientos (los cuales tienen a la mente no-consciente como fuente). Es decir, si uno opera únicamente o principalmente con la linealidad, va a ciegas.

¿Cómo puede entonces, este libro, escrito en un medio linear, ayudarle? Simplemente porque somos conscientes de las limitaciones de la linealidad y le comunicamos esas limitaciones para que tú seas consciente de ellas y para que así, puedas ir más allá de ellas para llegar a la certeza de tener éxito. Estamos insistiendo en la experiencia del sentir de la *no*-linealidad.

El objetivo principal de las filosofías y de las metodologías de la dirección de proyectos es *administrar y controlar todo lo posible*, porque administrar y controlarlo *todo* no es humanamente posible.

Esto lo tratan de hacer teóricamente y como si se tratara de una mercancía que es igual a todas las demás (un "*commodity*"), es decir, algo que tiene que ser aplicable genéricamente, a todos y a la mayoría de las situaciones—e inevitablemente, se nos escapan muchas cosas porque en realidad, no existen proyectos que constituyan una mercancía predecible. **Sólo hay proyectos *reales* y metodologías *hipotéticas*.** ¿Cómo podemos, entonces, cerrar esa brecha? ¿Cómo podemos llegar a la certeza?

La brecha entre la teoría y la práctica aparece cada vez que un proyecto se hace más y más único, que quiere decir más y más complejo y a largo plazo. Porque se producen más cambios y sorpresas y como consecuencia, mayor brecha. Entran en juego alteraciones, modificaciones, nuevas demandas, malentendidos, errores y aparecen toda clase de cosas nuevas. Como resultado, la administración mediante la crisis ("*crisis management*") se vuelve la realidad.

Sólo podemos cerrar la brecha entre los proyectos *reales* y la *certeza*, acudiendo a elementos del proyecto particular en los que la linealidad, las destrezas de entrada (*threshold skills*) y las hipótesis *no pueden producir*, es decir, el genio *capta* lo que los demás no pueden; el genio *siente* lo que los demás no sienten claramente; los genios *pueden ver* lo que los demás no ven; los genios *saben* lo que los demás no saben. Estos elementos únicos nos permiten cerrar esa brecha, pero hay que producirlos con formas que no son tradicionales ni lineales.

Eso, en resumen, es el porqué del **"*Genio Director de Proyectos*,"** la administración genial de un proyecto. Los genios pueden ver más allá de la linealidad para ver la no-linealidad. Ellos entienden que se habla un idioma distinto, no-lineal. Los genios acuden a conocimientos "escondidos." Esos conocimientos son únicos porque se refieren al director genio y a su situación particular; no está disponible para más nadie. Él o ella no lo descubrió en el tablero (*"dashboard"*) del proyecto; no lo investigó en un programa de *software*; no lo aprendió en la escuela, no lo buscó con *Google*; no miró para ver qué hacen o recomiendan los demás. El genio lo encuentra dentro de sí mismo.

El genio mismo es, él o ella, el único recurso que permite descubrir lo *no*-lineal y lo *no*-lineal es la clave para llegar a la certeza.

Ese es el "problema que no es problema" que tiene la gente con la realidad del (sentir como) conocimiento: lo tiene dentro la persona que *sabe* y no *una base de datos*. ¿Cómo puede ser conocimiento verdadero, si los demás no lo pueden descubrir digitalmente? En dos formas.

Primero, el genio puede llevar a los demás para que ellos también experimenten lo que él o ella ya está experimentando (lo que *sabe*), dependiendo de cuánta disposición tienen los demás para ver y sentir lo que no es lo común.

Segundo, *de todas formas, no importa* —porque no es de importancia de los demás. Los genios no se preocupan para nada por lo que piensen los demás. Cómo líderes, dirigen con eficacia de todas formas. Ellos ya saben que la visión de los demás es muy limitada en comparación con la que tienen ellos. Es por eso que muchas veces los genios parecen personas extrañas, diferentes, no comunes, aisladas y hasta no normales, sin embargo, ¡eso tampoco les importa!

El tema que vamos a mencionar no lo tocaremos mucho porque es tema para otro libro entero sobre la historia de la ciencia, pero vale la pena mencionar que lo que llamamos "ciencia" consiste en conocimientos que son *mercancía* ("*commodities*"), culturalmente aceptados para las masas, que despiden la experiencia *individual* y los conocimientos "no comprobados" porque no han recibido la revisión ni la bendición del mundo científico. No se han comprobado porque no ha habido revisión por parte de otros científicos del mismo campo, ni estudio de grupo de control. Los conocimientos que llegan a ser mercancía son, como nos lo decía Kuhn, "ciencia normal."

En "***The Science Delusion***," por Rupert Sheldrake, llegamos a una de las más chocantes ironías en la historia de la ciencia: *hoy en día, la ciencia se ha convertido en la Iglesia Católica*—la misma iglesia contra la que la ciencia se opuso con tanta ferocidad, defendiendo la linealidad por cientos de años:

> La falsedad más grande que tiene la ciencia es la de que la ciencia lo sabe todo. Los detalles todavía hay que perfeccionarlos, pero en principio ya las preguntas fundamentales se contestaron. . . El sistema de ideas/creencias que gobierna el pensamiento científico es un acto de fe, establecida en una ideología de siglo diecinueve. (pp. 6-7).
>
> En casi todas las demás esferas de la vida humana, no hay uno sólo sino muchos puntos de vista. Hay muchos idiomas, culturas, países, filosofías, religiones, sectas, partidos políticos, empresas y estilos de vida. Es sólo en el campo de la ciencia donde encontramos la vieja ética de los

> monopolios, de la universalidad y de la autoridad absoluta que antes exigía la Iglesia Católica y Romana. "Católico" significa "universal." Durante la Reforma, que comenzó en 1517, la Iglesia Católica perdió su monopolio y ahora coexisten con ella, muchas más iglesias e ideologías incluyendo el ateísmo. Pero sólo hay una ciencia universal. (p. 326).

Antes de continuar, queremos asegurarnos de que entiendas las diferencias entre la linealidad y la no-linealidad, entre la información y el sentir (conocer) y entre la mente consciente y la mente no-consciente. Ninguno de estos conceptos es un descubrimiento nuevo; algunos llevan más de un siglo (como el concepto de la mente no-consciente) — *excepto por uno*: **sentir es saber** (*"feeling as knowledge"*).

Sin el sentir, o evitando el sentir, negando el sentir, denigrando el sentir— ¡el idioma mismo del genio!—las recomendaciones de genio fracasarían. **Uno no puede depender sólo de la mente consciente y producir resultados de un genio.** Hay mucho terreno en los cementerios dedicados a proyectos muertos que sirven como testigo a eso.

Eso nos lleva a nuestra segunda hipótesis:

Hipótesis Número 2: Entender y usar *feeling as knowledge* (el sentir como conocimiento) aumenta dramáticamente la probabilidad del éxito en la dirección de un proyecto por una simple razón: el genio descubre conocimientos valiosísimos y entienda que no hay mejor medio para descubrirlos. Esos conocimientos tratan los asuntos nuevos que puedan aparecer y ofrecen innovaciones excepcionales para abordarlos.

Esto nos lleva a nuestras hipótesis número tres y número cuatro:

Hipótesis Número 3: los proyectos que son continuamente exitosos, trata *todas* las variaciones, las alteraciones, las modificaciones y las sorpresas—es decir, toda la *impredecible* variedad inevitable de un proyecto—mediante la <u>intuición,</u> que *los detecta* y la *<u>innovación,</u>* que *los resuelve.*

Hipótesis Número 4: <u>el director de proyectos genio crea la certeza del éxito</u>, pero ésta no se crea *fuera* del genio. El genio lo crea *desde su interior*, con la confianza de que tiene en su propia capacidad abarcadora para intuir y para innovar. Si uno tiene la auto-confianza y la seguridad de que puede identificar problemas en potencia anticipándolos y de que puede saltar entonces a soluciones sobresalientes que mueven todo hacia adelante, entonces no hay problemas.

Las innovaciones son ideas nuevas y útiles que resultan perfectas para las situaciones en las que hacen falta y llegan en el momento justo. Los genios identifican los asuntos que podrían luego llegar a ser crisis. Las crisis son siempre el resultado de cosas que no se pudieron detectar mediante métodos lineales, pero que estaban latentes y disponibles para detectar, sólo que la gente simplemente los desconocían; no lo sabían. La certeza es *saber.*

Una breve mención del tema del "cambio"

Aunque entendemos la buena intención de la gente que usa la frase "*change is the only constant*" ("el cambio es lo único que no cambia"), esa expresión no aclara lo que el cambio *es*. El "cambio" es un concepto abstracto. La frase no significa mucho (aunque se usa mucho en empresas norteamericanas), salvo que significa que *en cualquier momento se puede alterar lo que <u>existe</u> y esas alteraciones pueden ser inminentes.*

Y eso, ¿qué importa?

Si el cambio realmente fuera constante, *¿por qué le estamos prestando atención?* ¡Las cosas que no cambian no necesitan nuestra atención!

¿Cambia el cambio mismo? ¿El cambio se acelera o se disminuye de alguna forma? Decir que el cambio es lo único que no cambia es un uso de palabras ingenioso, pero realmente no nos dice nada. Es lo mismo que decir, "lo que es, es." O que el cambio es impredecible. Eso ¿qué importa?

Los temas que *sí* importan son sobre el futuro y sobre lo que tú quieres y estos son, la *predictibilidad* y la *impredictibilidad*. La predictibilidad está justo en el centro de nuestro deseo de ciencia, de conocimientos y del método científico. Usamos los conocimientos—o al menos, lo intentamos—para anticipar cómo abordar situaciones en nuestras vidas y en el planeta para que podamos tener los resultados que queremos.

Las organizaciones generalmente usan un acercamiento, al intentar crear una certeza sobre resultados exitosos, que está completamente al revés. No se enfocan en lo que realmente *quieren*, se enfocan más bien en los temores sin fin que tienen de "lo-que no-quiero-que-suceda-pero-que-podría-suceder" pero no se dan cuenta de que se enfocan en esos temores porque se ha hecho un hábito regular que no pueden ver. El temor, por lo general, no ofrece soluciones.

Ese enfoque (que suenen trompetas para esto, ¡por favor!) *es intentar analizar un problema* y ya sabemos que analizar un problema en lugar de enfocarse en las posibles soluciones y en lo que *sí* está funcionando bien, acaban por *empeorar* el problema y uno ni se da cuenta. Uno tiene a encontrarse, cuando analiza el problema, profundamente dentro del análisis antes de que se dé cuenta y diga, ¡Un momento! ¡Esto no está funcionando tampoco!

Recomendamos que escojas otra dirección: *primero* descifra lo que necesitas o quieres para sentir certeza y para tener ese sentir y así ver plenamente lo que te comunica y *entonces* toma el próximo paso.

No esperes que las jerarquías de información aborden la impredictibilidad. Tú tienes primero que iniciar, con ideas y con el sentir y segundo, con la acción, una dirección diferente.

¿Porque actuaría uno, sin primero entender los conocimientos que podrían ayudarte con la situación? Sin embargo, eso es justo lo que hace la mayoría de la gente, para poder decir—"¿ya ves? ¡Estoy haciendo algo para resolverlo!" Pues no, en realidad, porque actuar con pura ignorancia acaba costando mucho.

Una forma de establecer una base para las soluciones es generar una visión de éxito con tú equipo y preferiblemente una visión que ve más allá de tan sólo un proyecto, sino que se basa en conocer/sentir y que sostiene las aspiraciones del equipo de gente. No importa mucho cuán lejos mires esa visión, lo importante es generar energía en una dirección positiva que estimula la gente y que con el tiempo, les permite rendir lo mejor de quienes son.

¿Por qué? Porque uno no puede hacer frenar, o eliminar, o cambiar un problema, o deshacer una dirección negativa, o una preocupación, o una mala historia, estudiándola, o analizándola, o de ninguna forma prestándole atención y energía. La física no lo permite.

El sentir es lo que les brinda energía a las ideas y a los pensamientos. Por eso, uno no puede analizar o preparase de manera defensiva para tratar un problema, sin hacerlo peor todavía. Tú no verás inmediatamente que suceda nada porque la mente consciente no tiene la anchura de banda (*bandwidth*) para captar ese fenómeno. Pero lo puede evitar completamente sí, dirigiéndole energía en la dirección contraria, la positiva, antes de que suceda, en la dirección de su visión del éxito que se hace más detallada y cuyo sentir se continúa expandiendo. Así, entonces, vendrá el cambio, pero un cambio de los que tú *sí* quieres.

La visión de éxito del proyecto y el sentir

A los genios les encanta el sentimiento que tienen por su proyecto. Ese sentimiento es una parte esencial de su visión de éxito. Es un principio organizador fundamental. Como consiste en el sentir, asegura **apalancamiento** y **coherencia**. Apalancamiento significa que las cosas se hacen más fáciles; coherencia significa que todas sus partes operan como una pieza para crear un total que es más que tan sólo la suma de sus partes; no luchan entre sí.

La linealidad no puede hacer nada de esto y por eso es que muchos directores de proyectos que quieren apalancamiento y coherencia acaban por desesperarse, intentando tapar los agujeros en el dique, administrando por crisis.

No es difícil acudir a la no-linealidad conscientemente—tan sólo requieres descubrir cómo sentirse bien, o al menos sentirse cada vez mejor para ser abierto y positivo, para esperar que suceda la mejor posible. Ese sentir (bien), abre las puertas para la mente no-consciente. Los genios no se preocupan por la eficiencia ni por la coherencia; lo producen, de esta forma, naturalmente.

¿Recuerdas el experimento en el que intentaste escuchar una conversación entre dos otras personas, en un restaurante o bar? Intentar que la mente consciente maneje exitosamente un proyecto, sin incluir la mente no-consciente, es como tratar de escuchar a la vez todas las conversaciones del bar. Simplemente, no es posible. Es una sobrecarga de entrada en una anchura de banda demasiado limitada para manejarlo.

Uno puede intentar multitareas (*multi-task*)—un concepto completamente equivocado—y pasar de una conversación a otra, pero su atención se moverá de una a otra en lugar de asimilarlo todo a la vez. Asimilarlo todo a la vez es justamente lo que hace y fácilmente, la mente no-consciente

Cómo ejercitar la intuición, para poder *detectar* lo que está sucediendo

La intuición se considera como una corazonada. Es una forma de medir cómo va todo y es sencillo: ¿cómo te sientes en estos momentos sobre cómo marchan las cosas?

Tú vas a sentir una o la otra de entre dos cosas: o te sientes bien porque las cosas van bien, o te sientes no-tan-bien (mal) porque las cosas no van bien.

Si te sientes bien, mantente con ese sentimiento todo lo que puedas. Puede que tú identifiques y aprecies cosas que has hecho, que has dicho, que has sentido o que has generado para llegar a sentirte así. Prestándoles atención, les das más energía.

Si te sientes mal, no comiences analizando el porqué, pero sí pregúntate, ¿exactamente qué es lo que hace que no me sienta bien? Al hacer esa pregunta, puede que surja información útil.

Luego, para moverse en la dirección de una solución, pregunta: "¿cómo quiero sentirme sobre esta situación?" y luego pregúntatelo una y otra vez hasta que la puedas contestar con detalles y con un sentimiento fuerte. No es sólo decir, "quiero sentirme bien," sino algo más preciso, como "quiero que me reconozcan por hacer esto bien" o "quiero que el conflicto se vuelva colaboración" o "quiero sentir que no sólo todo va bien, sino que todo va mejorando más y más." Las palabras no son lo importante, son sólo el contenido para el sentimiento, que sí es importante, para comunicarte a ti mismo cómo quieres sentirte. Las palabras de por sí no tienen energía; la energía está en el sentir que llevan.

Cuando tú conduces un automóvil, mantienes los ojos sobre el camino que recorres. Cuando se trata de tú vida o de tú trabajo, pon su atención en cómo te sientes y en qué sientes. Eso no sólo evita chocar; te mantiene sobre el camino que tienes que seguir.

La mecánica precisa para ejercitar el genio es la siguiente:

1. La certeza es un sentimiento. Es un sentimiento que tú quieres tener, porque comunica y se mueve en la dirección en la que *quiere* moverse. Las cosas se alinean.

2. Los sentimientos comunican conocimientos sobre el tema en el que tú te enfocas; específicamente, sobre dónde te encuentras tú en ese momento preciso y

sobre qué es lo próximo que debes hacer. Si te sientes mal, de forma negativa, quieres cambiar eso porque sólo te está comunicando lo que *no* debes hacer.

3. Los sentimientos se pueden usar para crear más certeza—el sentir positivo que tú quieres. Sólo el sentirse bien puede crear más de ese mismo sentir, que es lo mismo que decir que sólo el conocimiento puede expandirse para crear más conocimientos. (Que también es decir que uno no puede crear el sentir o crear conocimientos sólo usando palabras.)

4. Para crear certeza, tú necesitas identificar lo que quieres, pero a nivel de *sentirlo* y no sólo con palabras. Esto requiere un poco de práctica ya que habitualmente ¡le dedicamos tanta devoción a la linealidad y a las palabras!

5. Entonces necesitas perseguir *ese sentimiento,* internamente, porque se trata de un sentimiento que te creará inspiraciones que te llevarán a actuar en las direcciones más útiles, basándose en lo que tú realmente sabes. Uno quiere esa inspiración porque es acertada—es *ti mismo*. Es tú mejor guía. Uno busca sentirse bien por el deleite de sentirse bien y para llegar a la inspiración (que también se siente muy bien).

6. Una vez uno tiene esa inspiración, sabrá lo que tiene que hacer, cómo actuar, qué pasos tomar, qué curso seguir, qué decisiones tomar. Basta con seguir lo que siente. El sentir te lo dirá. Con el tiempo, tú llegarás a confiar en lo infalible que es ese sentir, así que si al principio no confías, continúa.

La innovación es el corazón de la dirección de proyectos dirigido por genios

El problema que tiene este concepto es que la palabra "innovación" se ha distorsionado y se ha definido en formas inútiles; se ha redefinido con subcategorías sin fin y en lugar de aclarar, lo que ha hecho es hacer que la innovación parezca algo arcano, difícil de producir, fuera del alcance de la gente, elusivo, que realísticamente se limita sólo a cosas pequeñas, que requiere un análisis extenso para producirse, que se basa sólo en el "*hard work*" y que sólo se puede hacer con la dirección de ejecutivos experimentados y que, por lo tanto, no lo puede hacer una persona normal y que a fin de cuentas no se puede lograr.

La gente define, redefine, categoriza y re-categoriza lo que lo que supuestamente es la innovación, en artículos enormemente analíticos y en libros que acaban por decir absolutamente *nada* sobre cómo se genera la innovación. Quizás esto haga que aparezcan sabios, cuando no lo son.

Eso es parte del daño que ha causado el análisis de la innovación—principalmente, se ha comunicado que para innovar hay principalmente que analizar y que hay primero que escoger una categoría de innovación. Todo esto son filfas sin fundamento alguno. No entraremos en el recuento histórico sobre porqué todas estas filfas se generaron por años—eso es para otro libro, sobre la que realmente es la innovación y cómo se genera.

Lo más importante que hay que saber sobre la innovación es que...

1. La innovación es *fácil* y es una capacidad normal, humana que cualquiera puede ejercer;

2. La innovación, para producirse, no requiere análisis de ningún tipo; y
3. La innovación es simple. Se trata de una nueva idea excepcional, en el momento justo, para la situación justa.

No hay que analizar para eso, tampoco. Si alguien le informa que innovar es difícil, o que para innovar hay primero que analizar lo que sea, ¡busque la salida! Como dicen en inglés, grite "*check please!*"

Ya tú conoces todo lo que cree la gente que produce proyectos mediocres, porque son todos requisitos de *threshold* que ya tú conoces, además de—que no se nos olvide—el *hard work* proverbial. Los genios tienen poca paciencia para darle importancia a nada de eso, porque nada de eso se relaciona con resultados superiores.

La dirección de proyectos de los genios *sí* es cuestión de aproximarse a cada proyecto como si fuera el primero, por la novedad y el placer de descubrir y crear algo nuevo. Es sobre cómo inventarse maneras más eficientes y más placenteras de hacer las cosas. La dirección de proyectos es sobre la co-creación, aprendiendo uno con los demás, cómo mejorar las maneras en las que se hacen las cosas. La dirección de proyectos trata la creación de perspectivas nuevas, inesperadas, expansivas sobre el proyecto, sobre el equipo, sobre las partes interesadas… La dirección de proyectos trata sobre liderazgo apasionado, a quien le gusta ayudar a que grupos generen ideas. La dirección de proyectos es sobre el placer de la novedad, de la que es diferente, del descubrimiento. La dirección de proyectos trata la creación.

La mente consciente no puede innovar nada, nunca. La mente consciente no tiene suficiente anchura de banda en su sistema neurológico de recepción, como para crear soluciones. Sólo hace que tú *pienses* que sí puede. La mente consciente lleva a cabo una función esencial—una función tan y tan esencial que es a tal grado algo que esperamos sin pensar, que no nos fijamos en ella: *nos permite escoger lo que queremos, continuamente*—nuestras preferencias, nuestras aspiraciones, nuestras esperanzas, sueños, gustos, deseos, selecciones—todo esto está dentro del dominio de la mente consciente. Después del deseo, hay que permitir que la mente *no*-consciente dirija.

Tor Nørretranders hace resumen de esto en su libro, *"The User Illusion, Cutting Consciousness Down to Size,"* (vea las citas que aparecen aparte). El habla de la mente consciente como la consciencia del "yo," y de la mente no-consciente como el "mí:"

> Esta distinción entre el yo y el mí, es considerablemente menos "inocente" que lo que parece. Resume, en breve, **los cambios radicales en la percepción de lo que es ser un humano que está surgiendo a fines del siglo veinte:** la gente no es consciente de mucho de lo que percibe; la gente no es consciente de mucho de lo que piensa; la gente no es consciente de mucho de lo que hace.
>
> **El hombre no es primordialmente consciente. El hombre es primordialmente no-consciente.** La idea de un Yo que sirva como administrador de todo lo que entre y sale de uno es una ilusión; quizás sea una buena, pero a fin de cuentas, es una ilusión. (p. 269; letra negrita es nuestra).

Está describiendo lo que ya no dijo Julian Jaynes, excepto que cuando él lo escribió, no tenía lo que tenemos hoy día (y lo que tiene Nørretranders), las tecnologías que permiten examinar el funcionamiento del cerebro en formas nuevas, extraordinarias.

A pesar de que hace tiempo que sabemos, con evidencia científica sobre la neurología del cerebro, seguimos buscando soluciones e innovaciones usando la mente consciente como nuestro recurso principal—lo cual está destinado al fracaso total.

Como amamos tanto los resultados inmediatos de las causas y de los efectos lineales, hay cientos y cientos de supuestas soluciones a la creación de innovaciones que nos ofrecen sitios en el *internet* como youtube.com o linkedin.com y muchos más. Prometen que si uno sigue los procesos que *sólo ellos* ofrecen—sólo entonces—podrás tú innovar. Filfa.

Primero, nos dicen que "la innovación es difícil," lo cual no tiene que ser cierto, pero que es necesario para captar la atención de los demás. Si uno no sabe que sólo la mente *no-consciente* puede innovar—cosa que ellos aparentemente no saben—entonces uno sí puede comenzar a creer que la innovación es difícil. Recordamos en particular un sitio en el *web* que declaró con gran confianza que "... ¡hay que intentar sobre 100 veces para poder crear una innovación!" Bueno, ¿qué quiere decir eso? ¿En qué consiste un "intento"? Y ¿Por qué no sirven 99 intentos, o 76?

El que te diga a ti que la innovación es difícil está intentando venderte algo. Luego dirán que tienen una fórmula especial, o una metodología única...

La innovación *sí es fácil*—es la naturaleza humana. Pregúntaselo a cualquier psiquiatra: se llama la necesidad de logro ("*the Achievement drive*"). Todo el mundo lo tiene en alguna medida. Se ha documentado e investigado exhaustivamente desde los años 1960, especialmente por el ya difunto profesor de Harvard University, David C. McClelland. (Vea su libro, "*The Achieving Society*," "La sociedad del logro," 1967).

La innovación sólo requiere lo que ya tú sabes. Cualquiera que tenga dificultad con la innovación no está escuchando su *propia* voz, que es el único y más fundamental requisito del genio.

Las líneas de ensamblaje (llamadas en inglés, *pipelines*) no crean innovaciones porque las innovaciones no son mercancías y no son el producto de maquinaria u otros sistemas. Las innovaciones son en última instancia, el producto de una mente (o de varias mentes) del genio y por eso se ligan a la(s) identidad(es) esenciales e íntimas del genio. No existen innovaciones que no hayan originado en las aspiraciones e identidades de mentes individuales. Por eso, no existe *software* que pueda producir una innovación. El *software* no habla el idioma; no puede seguir el paso de lo que *siente*.

No es, como dicen algunos, cuestión de tan sólo de inventarse "nuevas ideas." Uno podría inventarse cientos y cientos de ideas nuevas y ninguna de ellas encajará dentro del contexto particular, intricado, que es necesario para el éxito en una situación particular, para una persona en particular.

El llamado *brainstorming* es un desperdicio de cerebros. Las ideas que se producen son dignas del basurero. ¿Cómo llega la mente no-consciente a saber el contexto particular e intricado que puede llevar a un éxito extraordinario? Y ¿qué importa saber cómo lo hace, si no tenemos que hacerlo conscientemente?

Uno *sí* puede inventarse "mejoras" para algo que ya existe, pero las mejoras no son innovaciones. Es en parte por eso que muchas organizaciones se rinden y ni intentan ya innovar. Como dijo recientemente al *Harvard Business Review*: "**A pesar de (recibir) inversiones masivas en la administración y de tiempo y de dinero, para muchas empresas la innovación sigue siendo una búsqueda frustrante.**" (Junio de 2015).

O como solemos decir: uno no puede pensar originalmente si el problema es la forma de pensar misma (*"***you can't think outside of the box when your thinking *is* the box***"*).

La paradoja de la innovación

Otro de los problemas principales que tenemos hoy día con la innovación es que pensamos que tiene que ser "disruptiva." Se nos hizo más difícil a todos cuando comenzamos a pensar de esa forma. Nos dio la ilusión de que hay alguna estabilidad existente de algún tipo antes de la innovación, que cuando se aparece, lo "interrumpe" todo.

Para que algo sea disruptivo, tiene que haber algo que se interrumpa. Suponemos que lo que se interrumpa es algo externo, como los mercados de clientes, o los productos existentes, o industrias enteras, o la identidad de una organización, o la estrategia existente, o el plan de proyectos y así. Ese "algo" que acaba interrumpido es, en contraste a la interrupción, *estable, predecible, calmado, sólido, sin cambiar, libre de interferencia, seguro, acertado, confiable y tranquilizante*. No puede haber una interrupción sin que haya algo que no estaba "interrumpido."

Pero en el mundo material de las empresas, no hay nada que sea así—sólido, calmado, predecible—nunca. **Externo y**

fuera de nuestro interior, no hay nada que sea, de por sí, cierto o seguro o confiable. Hay muchas cosas que pueden ser "disruptivas; **lo que tiene la innovación que es nuevo cuando se aparece no es que sea disruptiva.** Ya lo explicamos.

(Y dicho sea de paso, ser "disruptivo" es un efecto. ¡No es una causa!)

Ser "disruptivo" caracteriza la existencia de cualquier entidad, sea orgánica o no, en este planeta incluyendo el planeta mismo. Las cosas se interrumpen constantemente. Nuestro enfoque normal, sin embargo, no es sobre el cambio o la interrupción, es pensar que las cosas están "bajo control" y estables cuando realmente no lo están. Nuestra idea del control es distorsionada y primitiva, como lo es también nuestra habilidad para producir innovaciones.

Una innovación es *una gran idea justa, excepcional, que llega en el momento justo.* La innovaciones son idiosincráticas y circunstanciales. No son "disruptivas" en un universo en el que nada es estable; son simplemente más cambios. Las cosas son lo *suficientemente* estables como para que nos demos cuenta de que en realidad, no son nada estables.

Si no hubiera estabilidad alguna, no habría tampoco cambio alguno—el uno requiere el otro, como la oscuridad requiere la luz. Si no tuviéramos el concepto de luz, no tendríamos el concepto de oscuridad. **El significado lo genera el contraste.** Tenemos suficiente estabilidad como para saber que hay cambio y que hay interrupción, pero no tanto como para que nada cambie. Lo que hace surgir la innovación no es la interrupción, ni es lo que nos hace fijarnos en ella. La interrupción es sólo un adjetivo que explica el pasado; no nos dice nada de lo nuevo. **Las innovaciones tratan el futuro.**

Las innovaciones no son disruptivas, son reveladoras e iluminadoras. Lo que revelan e iluminan las innovaciones es el futuro (posible). Esto no es un argumento menor, o semántico, sino que va al grano de lo que *son* las innovaciones y de *cómo* se producen.

Las innovaciones no se originan en cosas externas. Algo que es nuevo y extraordinario no se aparece de momento de la nada.

¿En qué consiste la ejecución superior en la administración de proyectos?

Como la mayoría de los proyectos son, a fin de cuentas, inminentemente lineales, ¿por qué no son los directores de proyecto —la mayoría de los cuales son pensadores sólidamente lineales y los que más apoyan las medidas y demás procesos lineales— los más exitosos? No sería difícil identificarlos, excepto que habrá directores genios de proyectos que andan fingiendo la linealidad en sus conversaciones, ¿no? ¿Para qué arriesgarse innecesariamente?

La linealidad tiene que formar parte de la planificación de todo proyecto. Las actividades y las tareas son fragmentos que hay que ordenar en la secuencia apropiada para producir los resultados que uno quiere. Sólo que eso no basta para asegurar el éxito.

Muchos son los proyectos que fracasaron grandemente y que usaron minuciosamente el *software* debido para llevar cuenta y que tenían tableros ("dashboards") con todo tipo de indicadores de su progreso, que cumplieron con los requisitos, que recibieron las firmas debidas testificando que habían cumplido, que no rebasaron el presupuesto, que cumplieron con los números esperados y que nunca se desviaron. Los directores de proyecto con poca experiencia piensan que lo importante es dominar la linealidad. Eso no es cierto. La linealidad es sólo una destreza de entrada (*threshold skill*) en la planificación de proyectos; es decir, no hace diferencia con mayor abundancia para poder tener resultados excelentes.

Volvemos a insistir: ¿qué es una destreza de entrada (*threshold skill*)? Es un concepto que lo desarrollaron psicólogos sociales durante los años 1970. Significa una destreza que es necesaria para llevar a cabo un trabajo, pero que es sólo un requisito *de entrada al puesto*, pero que de por sí, no tiene que ver con la ejecución superior. **No distinguen entre una ejecución superior y una ejecución promedio en determinado puesto, no importa cuán bien uno los domine.**

Las destrezas lineales, como saber contabilidad para el puesto de director de proyectos, por ejemplo, no distingue entre los que ejecutan de forma sobresaliente y los que producen trabajo sólo promedio. Si uno no entiende cómo usar recursos lineales como el *software* para la planificación de proyectos, uno no puede (o difícilmente podría) conseguir un puesto como director de proyectos—o podría quedar despedido. Sin embargo, el que es un experto en el uso de ese *software,* ***no es, como resultado de eso, necesariamente mejor director de proyectos que los demás.***

En un proceso de selección de futuros empleados para determinado puesto, es fácil detectar las destrezas *threshold* porque por lo general son fáciles de medir y frecuentemente, con números. ¿Cuántos años lleva ejerciendo el puesto? ¿Cuántos proyectos ha dirigido? ¿Cuántos de esos han respetado los límites del presupuesto? ... ¿o se han completado a tiempo? ¿Cuántos dólares fueron invertidos? Y así.

Uno definitivamente no emplearía a alguien sólo porque es un experto en la administración de un presupuesto o experto en el uso de la matemática avanzada, por ejemplo. Administrar un presupuesto es normalmente una destreza de entrada (*threshold skill*) para directores de proyecto: uno necesita saber cómo usarlos, pero ser un experto principalmente en eso no significa que tú producirías resultados excelentes como director de proyectos.

Uno no va a recibir un bono o una promoción porque domina una destreza lineal. La diferencia que crea el resultado excelente, está en otras cosas. Es más, si tú ignoras el idioma del genio, lo más probable es que tus proyectos acabarían mal.

En el periodo entre los años 1970 y 1990, se estudiaron muchos puestos de trabajo para identificar lo que para aquella época se llamaba *job competence*. Para esa época, *competence* significaba algo distinto a lo que significa hoy. Hoy sólo significa una destreza *threshold*. Uno se considera competente si puede llevar a cabo el trabajo, pero más nada. Hoy, los modelos de capacidad (*job competency models*) son modelos tan sólo para la ejecución mediocre o mínima.

¿Por qué ha resultado así y cuáles son las implicaciones de esto? En la historia de la inteligencia en el mundo comercial y en los estudios académicos sobre el éxito comercial, tenemos que hacer marcha atrás a Frederick Taylor (1856-1915) y su llamado *scientific management* (administración científica). Fue un gran éxito a principios de siglo (el XX) e incluso hasta inspiró la creación de escuelas de *business* que se encontrarían desconcertadas, o hasta avergonzadas si examinaran las verdades históricas.

Taylor fue un investigador de la medición de la actividad humana, pero no era científico, aunque pretendía serlo. El no estableció, ni comprobó hipótesis alguna, salvo quizás la de decir que "el trabajo duro produce más trabajo." El estudio más inteligente y detallado de Taylor y de su obra se encuentra en el interesante libro de Matthew Stewart, titulado "***The Management Myth***" ("El mito de la administración"): "Lo que estamos señalando es la dedicación servil a la medida, tanto así que acabó por "ser científico." El "*scientific management*" (la metodología—supuesta—de la administración científica de empleados), a pesar de sus mejores intenciones, tenía mucho linealidad pero *ninguna* ciencia.

Sin embargo, su trabajo sí desató gran cantidad de estudios y de teorías sobre metodologías lineales, para evaluar y seleccionar candidatos en potencia para puestos de trabajo. Ya para mediados del siglo XX, nos dimos cuenta—mediante métodos seriamente científicos con hipótesis definidas, metodologías publicadas, estudios compartidos con otros y grupos de control cuidadosamente seleccionados—que cualquier estudio riguroso sobre el pensamiento y la actuación de la ejecución sobresaliente en casi cualquier puesto de trabajo, incluyendo una gran cantidad de puestos de *management*, se tienen que basar en lo que hoy en día llamamos "la inteligencia emocional."

En otras palabras, es sólo gracias a capacidades claramente *no*-lineales que podemos definir en qué consiste la ejecución superior. Si uno puede medir las características de su ejecución para poder seleccionar los candidatos que evalúa, esas características, por consiguiente, probablemente no miden su probabilidad para la ejecución excelente en dicho puesto de trabajo.

¿Qué características sí pueden predecir la ejecución superior en el puesto de trabajo de administrador de proyectos? Sólo las características que demuestran evidencia de que el individuo tenga algunas de las habilidades del genio, que tratamos en este libro: que él o ella pueda percibir, en su medioambiente, lo que los demás no pueden; que él o ella pueda entender y descifrar lo que significan esas percepciones; que él o ella pueda pensar como genio al determinar qué hay que hacer, como consecuencia de lo anterior, etc.

Tú mercantilización

La mercantilización (*commoditization*) siempre ha sido esencial para la Época Industrial y ahora, refinada y ya considerada casi como religión, es esencial también para la Época de la Información, que lo ha acelerado enormemente. Sin embargo, son procesos invisibles porque para la mayoría de la gente, porque la alternativa también es invisible. Sin el contraste entre las dos, uno es ciego.

Hemos explicado cómo la línea de ensamblaje fue concebida y cómo está compuesta de fragmentos o piezas que se organizan en una secuencia que hay que seguir para que su producto tenga sentido, es decir, para que produzca lo que se supone que produzca. Claro está, eso se entendía incluso antes que la imprenta de Gutenberg como línea de ensamblaje. El genio de Gutenberg se inventó las piezas de letras movibles, que permitieron que el ensamblaje produjera una gran variedad de productos que se podían, así, configurar fácil y rápidamente.

Esa línea de ensamblaje se basa en el uso del idioma y también lo fueron todos sus productos, contribuyendo así, en última instancia al casi-universal alfabetismo. El alfabetismo es lo más esencial de lo que llamamos linealidad—una pieza primero, luego otra que le sigue, todas alineadas como las letras de una palabra, para poder *tener sentido*. Tanto es así, que mucha gente cree que uno no puede pensar sin usar palabras, lo que atestigua la distancia histórica que hemos recorrido, en la distorsionada transformación de quienes somos a una mercancía.

Sí, la mercantilización es maravillosa y son maravillosas las posibilidades de crear innovaciones y soluciones que fácilmente puedan alcanzar a millones—excepto que acabará por disminuir nuestra capacidad para innovar y para resolver problemas en primer lugar, si uno considera la mercantilización el fin más importante. Históricamente, todo esto se está produciendo rápidamente.

¿Cuál es la base para esto? Bueno, que la mayoría de la gente y definitivamente la mayoría de la gente que trabaja para una empresa, piensa que lo que es una función humana normal y fácil de producir como el logro y la innovación, son difíciles. Si se observa esto desde una perspectiva no-lineal, uno puede apreciar el poco sentido que tiene. Los seres humanos se han *diseñado* para inventar, para crear ideas, para sentir y sentir deliberadamente, hasta llegar a algo nuevo, para ir más allá de lo que se ha logrado anteriormente, para superar, para iniciar lo nuevo, para desarraigar y reemplazar lo viejo...

La "mercantilización" (*commoditization*) es tanto un *valor*, como una *creencia* y es responsable por todo esto la Época de la Información. Los logros de la mentalidad lineal parecen formidables. Sin embargo, están sumidos en un rígido pensamiento materialista y prolongan una infancia cultural basada en el aprendizaje de la lectura y la escritura, ahora extendida a aprender palabras para categorías de cosas que no habíamos considerado.

Como hemos mencionado, la linealidad tiene un gran amor por la categorización. La categorización—la creación de nuevas categorías y de nuevas palabras para representarlas—nos da la ilusión de lograr algo, aunque ese descubrimiento generalmente no nos lleva a nada. Nos da la esperanza de que se pueda controlar la inundación de información. El campo entero de lo que se llama "*knowledge management*" (la administración del conocimiento) se basa principalmente en la categorización, sin embargo y a pesar de su nombre, pierde de vista la categoría que es la más importante—el conocimiento, o *knowledge*—de lo cual realmente no sabe nada.

Nos recuerda el pueblo campestre y primitivo del libro de García Márquez, "**Cien años de soledad**," en el que "el mundo era tan reciente que muchas cosas carecían de nombre y para mencionarlas había que señalarlas con el dedo." Y por eso tenemos no sólo la innovación, sino la innovación *disruptiva* y la innovación *continua*. Eso ya lleva años. Otros han intentado aún más clasificaciones y más nomenclatura. Recientemente una revista prominente del mundo de *Business* publicó un artículo erudito con otra media docena de categorías para la innovación.

Todas estas categorizaciones, ¿hacen en cualquier medida más fácil la habilidad para *producir* una innovación? Claro que no. Cuando la linealidad se quiere ejercer, crea categorías para la ilusión de movimiento hacia adelante, para la ilusión de control, para la ilusión de ser capaz. Sin embargo, todo acaba en nada excepto por llenar más artículos eruditos con más debate y más nomenclatura.

Estas ilusiones son la esencia de la mayoría de los análisis. El análisis se basa en la fragmentación, una de las dos categorías primarias de la linealidad (la otra es la secuencia). El análisis tomas las cosas o las ideas y las divide en partes para entenderlas mejor. Una vez están fragmentadas y clasificadas, se pueden fácilmente documentar en un idioma y así, ser almacenadas, editadas o transportadas.

El análisis es el esfuerzo principal de la resolución de problemas, aunque de por sí, no ofrece ningunas soluciones y en la mayoría de los casos expande el problema mismo. Con esta expansión del problema, los que intentan resolverlo se sienten que han logrado algo importante—sabemos algo que no sabíamos antes. A decir verdad, no. Lo que se ha hecho es crear otro aspecto del problema que antes no era problema.

Las funciones primarias de la mente consciente, que es tan limitada pero muy ágil, son las siguientes: primero, *enfocar en algo* y al enfocar, hacer una elección; y segundo, crear ilusiones. La ilusión principal de la mente consciente es siempre hacernos creer que ve mucho más que lo que puede ver. ¡Quiere ser la mente *no*-consciente! Esas ilusiones no son maliciosas, son resultado de poder enfocar. La mente no-consciente no tiene esa capacidad.

La Época de la Información—desde Gutenberg en adelante—fundamentalmente cambió la motivación en al menos dos formas. Hizo más fácil educar a la gente sobre lo que es la innovación, e insistió en que la innovación tiene, antes que nada, que fijarse en la mercantilización—aunque por lo general eso es demasiado temprano en el proceso y no permite que las ideas se expandan y crezcan a mayor madurez. A la linealidad le gusta terminar las cosas (llegar al final de la línea).

Un inversionista capitalista (*venture capitalist*) no tan sólo quiere saber, antes de invertir, que tú tengas una buena idea. Quiere saber que esa idea sea "expandible" (*scalable*), es decir que la idea se pueda hacer una mercancía genuina, fácil de reproducir...que la idea pueda ser dos cosas casi contrarias: que por una parte sea única y *que los demás no la puedan copiar*, pero que por otra parte, sea *fácil de reproducir* en el sentido de que se puedan crear millones y millones del producto.

Fíjate, por ejemplo, en las formas en que los que hacen *marketing* de productos intentan comunicarle a ti que sus productos son fáciles de hacer a la medida, fáciles de configurar de manera única y fáciles de hacerlos justamente para *tú*. Están luchando contra lo inevitable: que su producto expandible (*scalable*) es a la misma vez, "*one size fits all*"—que un tamaño le queda perfectamente bien a todos. Eso no está mal, pero con algunos productos se vuelve un problema.

Es el dilema entre la mercancía y la posibilidad de reproducirla sin fin. Uno choca con la gente, que por una parte la van a copiar en forma barata, o que por otra que no sirva para nada porque no se puede reproducir. Estas son contradicciones.

La mercantilización es un proceso que es exactamente lo contrario al genio. Culturalmente y sobre todo en el campo de la educación, la mercantilización insistente de ideas y de información—y especialmente la ignorancia y la negación de lo que son los conocimientos (*knowledge*) — significan que para la mayoría, el genio prácticamente no existe.

Los sistemas de educación están basados en la mercantilización. Un solo tamaño o pocos, sirven para todos. Otro factor ha sido la industria de *Knowledge Management*, que tiene poco que ver con *knowledge* y que no tiene nada que ver con *management*. *Knowledge Management*. Es la forma industrial de actúar en la época digital. Fue inevitable, aunque no tiene ningún sentido, al igual que el "*scientific management*" de Frederick Taylor no tenía nada que ver con la ciencia y tampoco, nada que ver con el *management*. Tuvo sólo que ver con la medición, pero *medir*, de por sí, no es ciencia (no hay proposiciones, no hay hipótesis, no hay causa y efecto expresado, no hay estudios que lo pongan a prueba con grupos de control, etc.).

La única forma de reconocer lo que es el genio hoy en día es si uno abandona la idea de que la información y los conocimientos son la misma cosa y que acepte que *el conocimiento humano es único para cada individuo.* Ahí es dónde se encuentra el genio, en esa unicidad.

Pues sí, todos sabemos que todos los artículos y libros sobre *Knowledge Management* tratan de distinguir entre la *información* (*information*) los *conocimientos* (*knowledge*), para aclararle que los autores (de estos) no están ofreciéndole meras formas de controlar la información—pero eso es justo lo que hacen, tratar de controlar mera información. Quieren hacer pensar que ellos ofrecen algo más raro, más exaltado y refinado que tan sólo ellos pueden descifrar.

La verdad es que *Knowledge Management* es una industria que para nada distingue entre la información y los conocimientos. Sin embargo, esa diferencia es importante porque es una parte fundamental para distinguir entre realidades humanas. El *KM* ofrece definiciones circulares y ridículamente complejas en la gimnasia semántica con la que trata de distinguir entre estas dos ideas ("categoriza" sin fin). Pero sus argumentos circulares frecuentemente comienzan con... "los conocimientos son información que...". Etc. ¡No, no y no! Los conocimientos no son información *de ningún tipo*. ¡La diferencia es profunda pero muy sencilla!

La información consiste en datos, en datos *en formación* (*data in formation*). Cabe y se puede expresar, en un servidor digital. Los conocimientos (*knowledge*), por otra parte, es lo que puede producir y guardar un *conocedor*, uno que *conoce*. A diferencia de la información, el conocimiento es *no*-lineal. **Conocer es sentir.**

Es difícil estimar las distorsiones creadas en nuestro pensar, por los cientos de años que llevamos, culturalmente, despreciando y rechazando el sentimiento humano. La mayoría de la gente cree que es cuestión de pensar y no de sentir. Pensar y sentir son distintos, aunque ambos pueden usar ideas. Considera, por ejemplo, la diferencia entre cuando tú *crees* que sabes algo y cuando *sabes* que lo sabes.

Apreciamos la mercantilización mucho, sin apreciar la idiosincrasia—cuando hay características de un individuo que son únicas. Cuando hay alguien que es idiosincrático, único y que sabe bien quién es y actúa plenamente como quien es, los llamamos *freaks* (*anormales*). Seamos claros en esto: para uno hacerse genio, tiene que reconciliarse con el hecho de que uno es un *freak* y que eso es lo más maravilloso de uno.

En el mundo entero, no hay nadie más que tenga la perspectiva que tú tienes sobre la vida. Nadie ha tenido las experiencias tuyas, ni las ideas, ni las conclusiones a las que has llegado sobre lo que tú quieres de la vida. Además, no hay nadie que te pueda apoyar, emocionar o acelerar tus sueños. En última instancia eso es sólo responsabilidad tuya. Esos sueños son lo que más caracteriza y define tú genialidad particular.

El genio no es cuestión de escuchar los consejos o las sugerencias o expectativas que puedan tener los demás para ti y habrá muchos, sobre todo los que no han podido realizar los sueños que tienen ellos. Hay sólo una voz que tú tienes que escuchar por encima de las demás y esa es la voz tuya. Como señalamos hace algunos años en un artículo sobre el aprendizaje (titulado, "***The End of Teaching and Training,***"):

> El que te diga a ti que la innovación es difícil quiere venderte algo. Luego dirán que ellos tienen una fórmula especial, o una línea de ensamblaje única. . .
> La innovación sí es fácil—es la naturaleza humana innovar. Pregúntaselo a cualquier psicólogo: se llama la necesidad de Logro. Todo el mundo la tiene en alguna medida.

Sólo requiere los conocimientos que ya tú tienes. El que tenga dificultades con la innovación no está escuchando a su *propia* voz, que es el requisito más fundamental del genio.

Como estás llegando a saber, esa voz no te habla en formas lineales. La linealidad es lo convencional y lleva principalmente a la mediocridad. El genio viene del *sentir*: la imaginación, la intuición, la visión interna, la introspección...

Ser genio director de proyectos significa que la información distorsionada o potencialmente negativa no te afectará mucho, porque más allá de esa información está el conocer, el saber. Los genios consideran la información porque es útil, pero es raramente importante. Saber sí es importante. Es la diferencia entre recibir pequeños pedacitos de la realidad, uno tras otro, como migas en un camino largo, en comparación con recibir un cuadro integrado, completo.

¿Qué hace que el genio sea posible en el universo?

El genio es posible en el universo por una sola razón:

El genio es posible porque los conocimientos, las experiencias y el sentir de cada individuo son todos completamente idiosincráticos, es decir, **nadie puede jamás saber lo que tú sabes; nadie puede jamás experimentar lo que tú has experimentado; nadie puede jamás sentir lo que tú has sentido.**

Sí te lo inventan mucho, como si lo entendieran sólo porque las circunstancias les parecen parecidas, pero todo eso es una invención mental.

La visión del éxito infinito

La visión del éxito que tienen los genios directores de proyectos no es a corto plazo y definitivamente no se limita a un solo proyecto. Los genios directores de proyecto se enfocan en ser fieles a la identidad a la que aspiran y eso no es un objetivo a corto plazo.

Como consecuencia, su concepto del éxito no se limita a sólo un proyecto. El proyecto actual es parte de una más grande visión del éxito que no depende de proyectos específicos, sino más bien de dominar el proceso de creación, de entender cómo reconocer al saber en el sentimiento (*knowledge as feeling*).

Estamos usando terminología parecida a la que usa James P. Carse en su brillantes libro titulado, "***Finite and Infinite Games, A Vision of Life as Play and Possibility***," ("**Juegos con fines y juegos infinitos, Una visión de la vida como juego y como posibilidad**"). Si sentirse bien es la forma para abrir las puertas que llevan a la mente no-consciente, entonces jugar es su manifestación superior.

Los juegos finitos son como el proyecto típico y se llevan a cabo para ganar, que se produce cuando se cumplen los objetivos dentro de las limitaciones que se esperaban: el tiempo y el dinero. Los juegos infinitos son la forma en la que los genios entienden la dirección de proyectos aunque participan en el juego finito de proyectos individuales. La visión es diferente en cada uno.

Los juegos finitos son singulares y se juegan para ganar y no perder y tienen fronteras bien definidas antes de comenzar. Como lo dice Carse,

> Una frontera es un fenómeno de oposición. Es el lugar de encuentro entre fuerzas

hostiles. Cuando no hay oposición, no puede haber frontera. Uno no se puede mover más allá de una frontera sin encontrar resistencia. (Carse, p. 69).

Los juegos infinitos, sin embargo, tienen limitaciones ante la visión y tan sólo ven horizontes. El juego infinito es la vida y la identidad misma del genio director, que es *jugador infinito*. Los jugadores finitos juegan para ganar el juego a corto plazo e inmediato. Los jugadores infinitos definen el juego de manera diferente y no buscan *terminar* el juego, sino *seguirlo*.

> Un horizonte es un fenómeno de la visión. Uno no puede mirar al horizonte; es simplemente el punto más allá del cual no podemos ver. En el horizonte mismo, sin embargo, no hay nada que limite la visión, porque el horizonte se abre a todo lo que está más allá de él. Lo que limita la visión es más bien lo incompleta que es esa visión.
> Uno no llega nunca a un horizonte. No es un tiempo; no tiene lugar; no encierra a ningún campo; su localización es siempre relativa a la visión. Moverse hacia un horizonte es simplemente tener un nuevo horizonte...
> Todo movimiento que hace un jugador infinito es en dirección al horizonte. Todo movimiento que hace un jugador finito es dentro de una frontera. (Carse, p. 70).

La perspectiva es todo. La perspectiva es especialmente útil para entender y para transformar "malas" situaciones y para transformar cuando uno se siente "mal." Vivimos en una realidad en la que interpretamos lo que sucede conforme a perspectivas basadas en nuestras ideas. Cuando nuestras ideas y creencias ya no nos sirven, algo choca. A corto plazo, nos creemos que esos choques son algo malo. Desde una perspectiva más amplia, sin embargo, vemos que realmente son algo bueno. Una perspectiva nueva puede ofrecer gran alivio.

La intuición

Actuar puede a veces ser una gran pérdida de tiempo

Para ser genio director de proyectos, hay que hacer las paces y desarrollar la capacidad para disfrutar de *pensar*. Los genios saben que las culturas de Occidente siempre creen desenfrenadamente en la importancia de *actuar antes de pensar* para no perder tiempo, ni energía ni oportunidades. Dondequiera que tú vayas, la gente ya exitosa te va a recomendar que ¡*actúes*! Los empresarios millonarios te animarán a una inmediata, continua, apasionada *actuación*. Los libros de *self-help*, con sus videos y audio, repiten una y otra vez lo importante que es *actuar*.

Actuar antes de pensar, o más específicamente, actuar sin primero verificar cómo uno se siente mucho antes de actuar, es una de las cosas equivocadas que enseña la gente. Esto es lo que se podría llamar una estrategia de "salir disparado": simplemente actúa con todo lo que se te ocurra y verás que *algo* tiene que servirte. Podríamos mostrarte video tras video, libro tras libro y cita tras cita en la que se le exhorta a uno que para llegar al éxito, hay que actuar antes que nada. Están por todas partes y tú probablemente ya lo sabes. Pero actuar por el mero hecho de actuar es actuar sin saber. Actuar sin saber es francamente, estúpido.

Los genios ya saben esto. Pensar y sentir son vitalmente importantes para el genio porque para ellos todo lo demás, incluyendo cualquier acción que se les ocurra, viene en segundo lugar, después de pensar y sentir.

Para mucha gente, actuar es consecuencia del llamado *Protestant Ethic*, la ética moral del protestantismo, que insiste en que los seres humanos tienen poco o ningún valor o que no son lo suficientemente buenos o que tienen que hacer muchas cosas "correctas" para poder llegar a ser merecedores—y las religiones (¡no es sólo el protestantismo que tiene esta ética!)—siempre tienen una gran cantidad de cosas que uno tiene que pensar y hacer, para ser "merecedor." Los llamados *workaholics*—los adictos al trabajo—se estiman enormemente. No importa cuánto insistamos que uno trabaje con inteligencia y no con fuerza bruta—en inglés el lema es *work smarter, not harder*—generalmente no creemos en eso para nada. Los adictos al trabajo son virtuosos, uno los admira, reciben empleos y aumentos... aunque francamente, por lo general no son tan inteligentes.

Si tú crees en todo esto y en alguna medida eso es probable, hay ideas que deberás examinar y en esta sección te explicaremos como identificar y cambiar esas ideas.

En fin, si actuar es para ti más importante que pensar y sentir, tú progreso para ser genio tendrá limitaciones innecesarias. Los genios se enfocan en eso. Y tú probablemente necesites descansar y dormir para recuperarte de tú adicción al trabajo.

Como genio, tú tendrás que identificar qué es lo que te gusta, al pensar y al sentir. Pensar y sentir son funciones naturales, normales e inevitables para los seres humanos, pero nos referimos a pensar y sentir *deliberadamente* y no el sentir y pensar que ofrecen los medios sociales, los noticieros, los medios de entretenimiento, los medios electrónicos del lugar de trabajo, o cualquier tipo de comunicación que ofrece esta Época de Información para amigos, familiares u otros. Como genio, tú comenzarás a discernir dónde y cómo pasarás tú tiempo.

Una buena regla para los genios es "¡métete sólo en lo que te importa!" Los demás sólo están ocupándose por ocuparse. La gente se entretiene con los asuntos de los demás porque hace tiempo que perdieron la esperanza de lograr sus propios sueños.

La tecnología nos entrena para *fijarnos* y para *leer* pero no para *saber*. Mientras más sean las informaciones en las que nos fijemos, menos capacidad tendremos para la intimidad o para el conocimiento. La mente consciente no tiene la anchura de banda para recibir a la vez tanto la información como los conocimientos.

En su libro, "***The User Illusion***," el escritor Nørretranders ofrece una cita de un fisiólogo alemán, Dietrick Trincker, de 1965:

> "De todas la informaciones que cada segundo entran a nuestros cerebros por los órganos sensoriales, sólo una fracción de ellos llega a nuestra mente consciente: la *proporción* entre la capacidad de *percepción*, en comparación con la *apercepción*, es, cuanto mejor, un millón versus uno. . . Es decir, sólo *una millonésima parte* de lo que ven nuestros ojos, de lo que escuchan nuestros oídos y de lo que informan nuestros demás sentidos *aparece en nuestra consciencia.*"

Es un efecto sorprendente de la Época de la Información que nos *aleja* del conocimiento y nos *acerca* a la información y a la reacción. La innovación y el genio lo que tratan es el *saber* y no el ser *informados*. Uno tiene que ser realmente deliberado si quiere *saber*.

Y así, volvemos otra vez a nuestra definición fundamental: *sentir es saber*. Todo lo demás es lineal. Todo lo demás es información. Todo lo demás consiste de datos, *en formación* (*data, in formation*).

Todos hablamos idiomas lineales. Uno de éstos es el idioma natural, hablado, que aprendimos cuando niños y puede que hayamos aprendido más de uno. También está el idioma de la matemática. Quizás sepamos algunos de los idiomas de la programación de ordenadores. Puede que conozcamos idiomas de muchas otras fuentes, como los juegos de video y de las artes.

Luego está también el idioma no-lineal del sentir, que usamos todo el tiempo, muchas veces sin saber que lo hacemos. Quizás no lo apreciemos o no entendamos cómo usarlo, pero si tú eres un ser humano, tú sentirás, a menos que estés tomando medidas para adormecerte. Estas medidas no tienen necesariamente que ser químicas. Hay sentimientos negativos sobre el sentir que con el tiempo, acabarán por adormecerte.

Hay sólo dos preguntas primarias para tener acceso a lo que uno siente:

1. En este mismo momento, ¿qué quiero?
2. En este mismo momento, ¿qué siento?

Los genios, el juego finito y el juego infinito

Los genios nunca piensan que el proyecto sobre el cual trabajan actualmente sea su única realidad. Eso es lo que hace la mayoría de la gente cuando definen su bienestar dependiendo de cómo les va el trabajo o la carrera profesional. A la mente lineal le gusta definir la finalidad.

El pensamiento lineal tiene que definir la finalidad, a pesar de que sea inevitablemente incompleta. Si uno se define a sí mismo y su identidad con un solo proyecto, entonces lo arriesga todo. Perseguir mentalmente a un solo proyecto es un juego finito. Es un ejercicio que, dure lo que dure, acabará de alguna forma u otra. No importa lo bien que sea ese final, tú seguirás con tu vida porque así es la vida. Al final de todo proyecto, no importa lo mal que haya terminado, tú quedarás—aunque no te des cuenta—"nuevo y mejorado." Los genios saben cómo encontrar eso dentro de sí mismos, no importa cuáles sean las normas o las opiniones de los demás.

El juego infinito que los genios saben que juegan es el juego de expandir su propia identidad, creativa y creciente. La persona a la que tú aspiras no tiene final, como lo tienen los proyectos. Los genios juegan a largo plazo porque tienen grandes sueños, sean lo que sean, que les ofrecen oportunidades para descubrir, para crear y para expandir la persona que se están volviendo. *Eso* es lo que quieren los genios y no meramente tener proyectos para tener un gran éxito. Están jugando no sólo para ganar el juego *finito*, sino para disfrutar y extender el juego *infinito*. El primero se juega para ganar (en cierta medida); el segundo se juega por el placer de la creación.

Mira a tú alrededor. Casi todos están jugando un juego de dirección de proyectos muy finito. Se enfocan a corto plazo; creen que los indicadores lineales (el presupuesto, el plan de trabajo) son—no sólo una "realidad," sino la única realidad; sólo les satisfacen las causas y los efectos inmediatos y por eso son tan impacientes y controladores. Asignan la culpabilidad de forma muy pequeña porque su idea de la realidad es tan pequeña, como lo es también su influencia. Creen que su propia identidad no cambia. Prestan mucho más información al *qué dirán* que a lo que ellos mismos sienten…

El director de proyectos infinito juega a largo plazo—no a largo plazo por el bien de la empresa, ni por el cliente, ni por el proyecto o por el trabajo, sino que a largo plazo por su identidad y por el futuro. Entienden y usan deliberadamente la complejidad de causas y efectos a largo plazo; no pueden asignar culpabilidad porque para ellos, sienten que eso es algo que les pertenece (la responsabilidad) y no están dispuestos a rendir su poder tan fácilmente. Ven que su propia identidad se expande en formas emocionantes y no prestan atención a lo que piensen los demás, pero sí prestan mucha atención a lo que ellos mismos sienten.

La perspectiva es todo. Cuando uno juega la vida desde la perspectiva de un juego infinito, entonces cambia por completo lo que es la "negatividad" o lo que es "perder." Uno no puede perder si el juego es infinito.

Uno no puede perder tampoco, si entiende que perder es sólo una oportunidad que todavía no han visto con claridad. Los genios buscan e identifican los retos que les ofrecen cualquier resultado "negativo." Esos retos consisten en oportunidades para dominar el idioma de la mente no-consciente. Es una oportunidad para ellos hacerse más grandes. Para el genio, estas no son sólo palabras. Son un *sentir* vital que persiguen. Como lo dice Carse:

Los jugadores finitos juegan dentro de las fronteras; los jugadores infinitos juegan con las fronteras. (Carse, p. 12).

Bibliografía

La siguiente es la lista de libros que son citados o referenciados principalmente en el texto.
No es un inventario de la investigación realizada para este libro.

Andreasen, Nancy C.; "**The Creating Brain, The Neuroscience of Genius**," Dana Press, New York, N.Y., 2005.

Bohm, David, and Peat, F. David; "**Science, Order, and Creativity, A Dramatic New Look at the Creative Roots of Science and Life**,' Bantam, New York, N.Y., 1987.

Boyatzis, Richard; "**The Competent Manager, A Model for Effective Performance**," John Wiley & Sons, New York, N.Y., 1982.

Carse, James P.; "**Finite and Infinite Games, A Vision of Life as Play and Possibility**," Ballantine Books, New York, N.Y., 1986.

Damasio, Antonio; "**Self Comes to Mind, Constructing the Conscious Brain**," Vintage Books, New York, N.Y., 2012.

"**Descartes' Error: Emotion, Reason, and the Human Brain**," Vintage, New York, N.Y., 2006.

"**The Feeling of What Happens: Body and Emotion in the Making of Consciousness**," Harcourt, Brace & Co., Orlando, FL, 1999.

"**Looking for Spinoza: Joy, Sorrow, and the Feeling Brain**," Harcourt, Inc., Orlando, FL, 2003.

"**Self Comes to Mind, Constructing the Conscious Brain**," Vintage Books, New York, N.Y., 2012.

Floridi, Luciano; "**Information, A Very Short Introduction**," Oxford University Press, New York, N.Y., 2010.

Gilligan, Carol; "**In a Different Voice, Psychological Theory and Women's Development**," Harvard U. Press, Cambridge, MA, 1982.

Goleman, Daniel; Boyatzis, Richard; McKee, Annie; "Primal **Leadership, Realizing the Power of Emotional Intelligence**," Harvard Business School Publishing, Boston, MA, 2002.

Greenspan, Stanley I., M.D. and Shanker, Stuart G., D. Phil.; "**The First Idea, How Symbols, Language, and Intelligence Evolved From Our Primate Ancestors to Modern Humans**;" Da Capo Press, Cambridge, MA, 2004.

Jaynes, Julian; "**The Origin of Consciousness in the Breakdown of the Bicameral Mind**," Mariner Books, New York, N.Y., 2000.

Kline, Morris; "**Mathematics, the Loss of Certainty**," Oxford University Press, New York, N.Y., 1980.

Kuhn, Thomas S.; "**The Structure of Scientific Revolutions**," 3rd edition, University of Chicago Press, London, 1996.

Lakoff, George, and Núñez, Rafael E.; "**Where Mathematics Comes From, How the Embodied Mind Brings Mathematics Into Being**; Basic Books, New York, N.Y., 2000.

Lewis, Marc; "**The Biology of Desire, Why Addiction Is Not a Disease**," Perseus, New York, N.Y., 2015.

Lukacs, John; "**At the End of an Age**," Yale U. Press, New Haven, CT, 2002.

McLuhan, Marshall, and Fiore, Quentin; "**War and Peace in the Global Village**," Hardwired, San Francisco, CA, 1968.

"**The Gutenberg Galaxy, The Making of Typographic Man**," University of Toronto Press, Toronto, Canada, 1962.

"**The Medium is the Massage, An Inventory of Effects**," Gingko Press, Corte Madera, CA, 1967.

Nørretranders, Tor; "The **User Illusion, Cutting Consciousness Down to Size**," Penguin, New York, N.Y., 1998.

Schwart, Jeffrey M., M.D. and Begley, Sharon "**The Mind and the Brain, Neuroplasticity and the Power of Mental Force**," Harper Collins, New York, N.Y., 2002.

Sheldrake, Rupert; "**A New Science of Life, The Hypothesis of Morphic Resonance**," Park Street Press, Rochester, VT, 1995.

"**The Science Delusion**," Hodder & Stoughton, Ltd., London, 2013.

Shorto, Russell; "**Descartes' Bones, A Skeletal History of the Conflict Between Faith and Reason**; Doubleday, New York, N.Y., 2008.

Stewart, Mattew; "**The Management Myth, Why the Experts Keep Getting It Wrong**," W. W. Norton & Co., New York, N.Y., 2009.

Acerca de los Autores

Como director de proyectos, Jorge Escotto tiene más de veinte años de experiencia trabajando para corporaciones dentro de "Fortune 500", y personalmente ejecutó cientos de proyectos en 25 países. Posee tres certificaciones del PMI®, incluyendo PMP®, PMI-RMP®, PMI-ACP® y tiene una maestría en Tecnologías de la Información.

Sin embargo nada de eso es lo que finalmente lo hizo perfecto para ser co-autor de este libro. En primer lugar, fue necesario dominar y triunfar internacionalmente (y cruzar la cultura) como director de proyectos, para poder identificar las limitaciones exactas, masivas y sutiles de todos los formatos, protocolos y recomendaciones lineales.

José Santiago Pedrosa descubrió en Jorge una comprensión impresionante de los límites implícitos en esos formatos y protocolos -un entendimiento tan secundario- que rara vez es identificado o articulado por nadie. De esta manera, Jorge no solo fue el diagnostico perfecto, inspiración e innovador para lo que este libro presenta y fue esencial para su creación. Si los Genios pueden ver fácilmente más allá de las apariencias de las cosas -y sabemos que pueden- entonces su carrera es un ejemplo perfecto de esa capacidad.

Lo que menos interesa de José Santiago es que tiene 35 años trabajando con tecnología en cuatro continentes. Lo que es más interesante es lo que leyó entre líneas durante ese tiempo acerca de la neurología del cerebro humano.

www.ingramcontent.com/pod-product-compliance
Lightning Source LLC
Chambersburg PA
CBHW021547200526
45163CB00016B/2706